Follow Me

《亲历者》编辑部 编著

贵州

深度游

慢·旅·行·的·倡·导·者

中国铁道出版社有限公司
CHINA RAILWAY PUBLISHING HOUSE CO., LTD.

图书在版编目（CIP）数据

贵州深度游 Follow me /《亲历者》编辑部编著.
2 版 . -- 北京：中国铁道出版社有限公司 , 2024. 11.
（亲历者）. -- ISBN 978-7-113-31503-0

Ⅰ. K928.973

中国国家版本馆 CIP 数据核字第 2024QG3432 号

书　　名：**贵州深度游 Follow Me**
　　　　　GUIZHOU SHENDU YOU Follow Me

作　　者：《亲历者》编辑部

责任编辑：孟智纯　　　　编辑部电话：（010）51873697
封面设计：郑春鹏
责任校对：苗　丹
责任印制：赵星辰

出版发行：中国铁道出版社有限公司（100054，北京市西城区右安门西街8号）
印　　刷：天津嘉恒印务有限公司
版　　次：2013年5月第1版　2024年11月第2版　2024年11月第1次印刷
开　　本：710 mm×1 000 mm 1/16　印张：14　字数：280 千
书　　号：ISBN 978-7-113-31503-0
定　　价：68.00元

如何使用本书

景区

精选贵州36个热门目的地，囊括贵州旅游精华。

景区概述

用简练的语言，让读者对景区有一个整体认识。

微印象

精选自媒体平台、旅游网站上旅行者对景区作出的价值性点评，让读者对景区有一个初步的认识，确定旅游目的地。

基本信息

包括门票价格、景区开放时间、最佳旅游季节、进入景区的各种交通方式等实用信息。

景区星级

从美丽、浪漫、休闲、人文、特色、刺激6个方面给景区评级。

景区示意图

标注景区出入口、游览线路、观光点、景区配套设施等信息。

图片

选取精美图片，提升现场感，提供摄影参考。

子景点

观光点的详细介绍，并配有实用攻略、小贴士、旅友点评等丰富的资讯。

景区攻略

包含住宿、美食、购物、娱乐、景区内部交通、旅游注意事项等，丰富且实用。

行程推荐

提供合理、实用的景区游览方案。

导读

提供贵州的基本背景信息，让读者先认识目的地，再开始旅行。

爱上城市

若干幅精美图片，让读者对目的地建立感性印象。

城市概览

以图文形式，梳理城市的地理、历史、文化等知识，让读者对目的地建立初步认识。

读懂城市

以专题的形式，介绍一些文化主题，让读者对目的地产生更深刻的认识。

贵州，
来玩就要有深度

奇妙的地下世界

　　贵州拥有多姿多彩的喀斯特地貌，滴水穿石的奇迹在这里上演了亿万年，造就了数不胜数的秀美石林与峰林。其中，兴义的峰林、荔波的峰丛、织金的溶洞等，都是罕见的美景。

　　明朝探险家徐霞客曾系统地考察了喀斯特地貌，在他的游记中有很多篇幅记载了贵州溶洞探险。那时，徐霞客常举着火把照明，小心翼翼地走进暗河汹涌的洞穴。据说他考察过的溶洞有数百个之多。现在，想去看一看溶洞的奇景可容易多了，很多溶洞都被人们探明了道路，里面还装饰了五颜六色的彩灯。洞内的钟乳石、石笋、石柱在灯光的照射下美极了。

多彩的民族文化

　　除汉族外，在黔东南、黔西南等地，有着许多古老的村寨，居住着多个民族，如苗族、布依族、侗族、土家族、彝族、仡佬族、水族等。

　　贵州的民族文化具有多元化的特征，这里的人能歌善舞，传统音乐、舞蹈丰富多彩。贵州人民使用着各种乐器，如直箫、竹笛、口弦、芦笙、葫芦琴、姊妹箫等；舞蹈也富有鲜明的民族特色，主要有芦笙舞、鸟兽舞、铜鼓舞、板凳舞、摆手舞等。黔剧是贵州的家乡剧，除此之外，还有综合性较强的布依戏和侗戏等。

贵州，位于我国西南的云贵高原地区，素有"八山一水一分田"之说、号称"山地公园省"。

独特的地形孕育出贵州别样的山水景观，她因"瀑布"而壮阔，因"溶洞"而神奇。"中华第一瀑"黄果树瀑布、赤水瀑布群、小七孔瀑布等，一同构成了贵州的瀑布天堂。而贵州典型的喀斯特地貌又造就了各种神奇的地下溶洞奇观，龙宫、织金洞均是贵州溶洞的优秀代表。

贵州民族历史悠久、文化源远流长、底蕴深厚、特色鲜明，各民族文化交相辉映，民族风情独特，绚丽多彩，成为贵州的一块绚丽的瑰宝。

丰富的酒文化

贵州是名副其实的名酒之乡。除茅台之外，还有董酒、习酒、贵州醇、青酒……贵州的酿酒历史十分悠久，早在战国时期，这里就生产一种枸酱酒了。

贵州酒以白酒为主体，此外，果酒和配制酒也频出，如味美而益人的刺梨酒、黑糯米酒、金樱子酒和猕猴桃酒，以及用贵州的药材配制的天麻酒、杜仲酒等。

贵州人不仅能酿造佳酿名醇，更讲究饮酒之道，注重饮酒之德。

目录

第4章
贵阳向东
122-149

第5章
贵阳向北
150-187

第6章
贵阳向西
188-216

示意图目录

速读贵州

爱上贵州

黔东南的民族村寨

赤水河畔丹霞美

高原上的喀斯特奇观

最美黄果树大瀑布

贵州概览

贵州每月亮点

贵州地理

贵州历史

品尝贵州美食

遇见新奇物产

领略自然山水

贵州丹霞经典三日游

贵州文化深度六日游

读懂贵州

赤水丹霞

夜郎古国

屯堡文化

苗寨侗乡

酸爽美食

乌江美景

遵义会议

喀斯特地貌

黔东南的民族村寨

走进贵州，就像走进了一个让人眼花缭乱的民族博物馆：这里的青山绿水之间隐藏着众多美丽而古老的村寨，苗家的吊脚楼，侗寨的风雨桥，布依寨的石板房，水族的小木屋……每一座建筑都是一件艺术品，都值得驻足赞叹。跳一曲欢快的芦笙舞，听一首悦耳的侗族大歌，来一碗美味的酸汤鱼……贵州之旅，将让你回味无穷。

赤水河畔
丹霞美

悠悠赤水河千年不息，它冲开了鲜红炽热的丹霞红土，留下了妙趣横生的千瀑飞流；它见证了四渡赤水的艰辛和神奇，成为改变历史的革命圣地；它用其甜美浓郁的河水，为我们酿造出美味醇香的国酒茅台。历史的云烟、丹霞的神奇和美酒的芳香汇聚在这里，让人如痴如醉。

高原上的
喀斯特奇观

广布于贵州高原上的喀斯特是大自然的奇迹，荔波是长在石头上的森林，马岭河被誉为地球上的美丽伤疤，龙宫是悬在山上的水溶洞，而织金洞更是中国溶洞中的一朵奇葩……

最美黄果树大瀑布

奔腾而下的黄果树大瀑布是黔之魂、贵之魄。河水从断崖飞流而下，滚滚涛声撼天动地，如同一曲生命的赞歌；道道彩虹奇妙无穷，好似通往仙境的彩桥；蒙蒙雾气漫天浮动，恍若来到了神奇的仙界。"白水如棉，不用弓弹花自散；虹霞似锦，何须梭织天生成"，是对其最真实的写照。

贵州
每月亮点

一月（农历正月十五）

游玩推荐：跳地戏

地点：花溪大寨

二月（农历二月十五）

游玩推荐：跳花节

地点：水城县南开乡三口塘

三月（农历三月十五）

游玩推荐：姊妹节

地点：黔东南地区

四月（农历四月初八）

游玩推荐：四月八

地点：贵阳市中心喷水池一带

五月（农历五月二十四至二十七）

游玩推荐：龙舟节

地点：贵州东南部清水江

六月（农历六月二十一）

游玩推荐：查白歌节

地点：贵州省兴义市查白场

七月（公历7月至8月）

游玩推荐：贵州名酒节

地点：分别在遵义市、仁怀茅台镇、赤水市等地举行

八月（公历8月至9月）

游玩推荐：乌当永乐蟠桃节

地点：贵阳市乌当区永乐乡

九月（农历八月下旬至十月上旬）

游玩推荐：端节

地点：三都水族自治县、都匀、独山等

十月（农历十月初一）

游玩推荐：牛王节

地点：贵州黔北地区

十一月（农历十一月初一）

游玩推荐：侗年（又叫冬节或杨节）

地点：黎平、榕江、从江三县部分地区

十二月（农历除夕夜）

游览推荐：供粑

地点：黔北村寨

人口：3865万（2023年末）
面积：约17.62万平方千米
民族：以汉族为主，还有苗族、布依族、侗族、土家族、彝族、仡佬族、水族等17个世居的其他民族

贵州
地理

地理

　　贵州位于我国西南部，地势西高东低，自中部向北、东、南三面倾斜，平均海拔在1100米左右。贵州地貌有高原、山地、丘陵和盆地四种基本类型，其中以高原、山地居多，素有"八山一水一分田"之说。省内山脉众多，绵延纵横：北有大娄山，中部横亘着苗岭，东北方有武陵山，西部高耸着乌蒙山。贵州省具有典型的喀斯特地貌，其面积占全省总面积的61.9%。

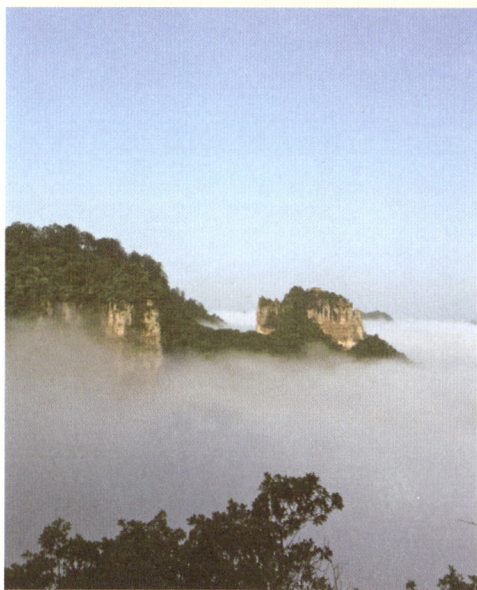

气候

　　贵州省属于亚热带季风气候。这里大部分地区气候温和湿润，但在山地、河谷的气候垂直变化却特别明显。这里四季分明，冬无严寒，夏无酷暑，湿度较大，季风气候明显，无霜期长。贵州气候从北至南跨越了两个大的气候带——温带、亚热带，它具体又可分为南亚热带、中亚热带、北亚热带和暖温带四个类型。每年春夏丰沛的降雨使得这里的溪水长流不断。

贵州
历史

鳖人时代

　　该时代距今有四五千年的历史，发生在公元前 30 世纪至春秋时期，那时的鳖人生活在贵州高原乌江南北两岸的广大地区，他们也是古代蜀人鱼凫部落的重要支系。鳖人是人类历史上最早的水利工程师。公元前 15 世纪，鱼凫人建立古蜀国鱼凫王朝；春秋时期，鳖国为周楚属国。

牂牁时代

　　春秋时期，在今贵州南境有牂牁国，与北境鳖国并存。牂牁历史是贵州早期历史非常重要的一个组成部分。远古的牂牁人属于濮越民系，大约于越王勾践称霸时期立国。春秋时期牂牁人的势力影响曾达到乌江南岸，汉代以后在贵州南部长期设有牂牁郡。牂牁国于战国时期被夜郎国所灭。

夜郎时代

　　存在于战国和秦汉时期，夜郎国是继春秋鳖国、牂牁国之后于贵州高原崛起的又一个部落国。夜郎国极盛时控制范围包括今天贵州全境。秦汉初年，中央政府于夜郎境内置郡县，而夜郎部落并未完全瓦解，实为共治时期。公元前 25 年，汉朝击溃夜郎余部。

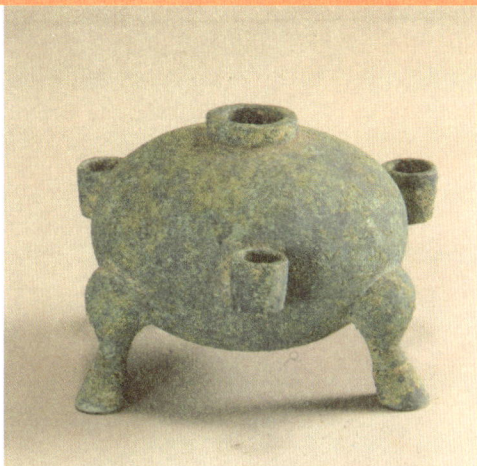

郡县时代

从秦朝开始，止于隋朝。秦始皇统一中国后，将全国划为 36 郡，贵州北部、西北部分属巴郡、蜀郡管辖，贵州南部、东部分属黔中郡和象郡管辖。西汉初年，贵州分属益州刺史部牂牁郡和牂柯郡。西汉中晚期，贵州北部大部分地区划入牂柯郡管辖。到了隋朝，贵州大体属于梁州刺史部和荆州刺史部管辖范围。

土司时代

唐代时，中央政府开始推行羁縻州制度，在当时的边疆地区利用当地人管理地方事务，贵州境内出现了几个对后来产生深远影响的地方土司政权，如水西安氏土司、水东宋氏土司、思州田氏土司、播州杨氏土司。而到了宋代，由于朝廷面临来自北方辽国、西夏国的强大军事压力而无暇南顾，乌江以北的正州也逐步改为羁縻州。

行省时代

元末时期，天下大乱，西南土司纷纷立国称王。明洪武初年（1368 年），由于水西土司及夫人率部拥护朱元璋并协助明朝平定了云南的战争，朱元璋特将顺元路改为贵州宣慰司（今贵阳、黔西大方、水城一带，治所在今贵阳）。明永乐十一年（1413 年），正式建立贵州布政使司，废思州宣慰司与思南宣慰司，保留水东土司与水西土司，同属贵州布政司管辖。从此，贵州正式成为省一级的行政单位。

品尝
贵州美食

肠旺面

肠旺面是贵州极负盛名的一种风味小吃，又称肠益面，"肠旺"是"常旺"的谐音，寓意吉祥。"肠"是猪大肠，"旺"则是猪血。它以色、香、味"三绝"而著称，具有血嫩、面脆、辣香、汤鲜的风味和口感，以及红而不辣、油而不腻、脆而不生的特点。

哪里吃：贵阳市区内各小吃街均有卖，如位于贵阳花溪区大黔路附近的王记肠旺面就是一家老店，这里环境优雅，价格实惠，面的味道也很地道。

丝娃娃

丝娃娃别名素春卷，是贵阳的一种常见的地方传统小吃。先用米面粉做成薄纸般的小圆饼烙熟，然后将萝卜丝、折耳根、绿豆芽、海带丝等包在面皮里裹成小卷，再蘸上由葱花、姜末、酱油、醋、糊辣椒等制成的蘸水即可食用。吃起来素菜脆嫩，酸辣爽口，极富特色。

哪里吃：在贵阳各地的每条街上几乎都能看得见。其中位于飞山街的杨姨妈丝娃娃当属老字号，而丝恋红汤丝娃娃家的味道比较浓，口感更好。

毕节汤圆

毕节汤圆以独特的风味取胜，主要靠芯馅来体现。有洗沙、蜜枣、冰片、苏麻、樱桃、冰糖、桔饼、玫瑰、火腿、芝麻、核桃等十多个品种，味道各异，有的糯软爽滑，有的甜润清凉，有的肉质干香，有的果味浓郁。

哪里吃：位于毕节市中华南路的胡家汤圆是一家老字号，这里的汤圆价格实惠，味道好，值得一尝。

雷家豆腐圆子

雷家豆腐圆子相传为贵阳雷万铨及其夫人曹刘氏首创，迄今已有 150 年历史。圆子以豆腐为主料加工而成，色呈焦黄，外脆内嫩。食用时用酱油、葱花、辣椒、麻油、醋配成蘸水，趁热蘸食，爽脆嫩滑，香气扑鼻。

哪里吃： 雷家豆腐圆子店在贵阳多地开设有分店，如合群路、福州街、二七路等，其中又以省府西路的分店最具人气。

贵州辣子鸡

辣子鸡是一道极有贵州特色的菜。先将鸡切成块经过香料腌制，然后放入油锅内爆，熟后捞起来，再在油锅中放入大量的糍粑辣椒，辣椒制好后将鸡块倒回锅内同烹即可。

哪里吃： 位于贵阳市兴隆街12号的老伍记老贵阳辣子鸡的口味十分地道，且物美价廉性价比高；位于贵阳市花溪区霞辉路的花溪雨田辣子鸡肥肠火锅口味独特，嚼劲十足，让你吃过流连忘返。

酸汤鱼

酸汤鱼是苗族和侗族的传统菜肴，味酸而鲜美，辣劲十足。做酸汤鱼时，会加入特产糟辣椒和很多有营养的中草药，然后再加入用烧开的米泔水酿制而成的酸汤，呈白色的汤为上好的，之后把活鱼现宰杀后切块放到锅里煮制即可。

哪里吃： 贵州各地都有酸汤鱼，黔东南的麻江县和黎平县，酸汤鱼美名远扬，游人前往这里一定不要错过。

遇见
新奇物产

贵州茅台

　　贵州茅台是大曲酱香型白酒的鼻祖，有"国酒"之称，以色清透明、醇香馥郁、入口柔绵、清冽甘爽、回香持久等特点而名震天下。它用上等高粱为原料，上等小麦制曲，采用高温制曲、堆积、蒸酒等工艺，再经过两次投料、九次蒸馏、八次发酵、七次取酒，长期陈酿而成。

芦笙

　　芦笙是苗、瑶、侗等民族特别喜爱的乐器之一。传统的芦笙由笙管、笙斗和簧片三部分构成，常用的芦笙笙斗插有 6 支笙管，外侧开有接音孔，下端装置铜簧，在每二三根笙管上端合套竹管作为共鸣管。小芦笙的管长十几厘米，大芦笙长四五米不等。

苗族银饰

苗族最早的银饰艺术起源于巫术图腾活动，闻名遐迩的黔东南苗族大银角的造型就源于祖先蚩尤"头有角"的形象。苗族银饰的题材涉及方面非常广泛，图案造型既反映了图腾文化，又彰显了地域文化。苗族银饰可分头饰、面饰、颈饰、胸饰、手饰、服饰等，都是精心制成，以其多样的品种、奇美的造型和精巧的工艺，向人们呈现了一个瑰丽多彩的艺术世界。

蜡染

贵州蜡染又被称为"贵州蜡花"，传统的贵州蜡染纹样分为自然纹和几何形纹两类。有的蜡染具有较为原始的工艺形态，而有的工艺却比较精湛，黄平、安顺等地区的苗族彩色蜡染色调调和，图案精美；榕江兴华乡的苗族蜡染更多地以龙为主要纹样，非常有特色；丹寨一带的蜡染造型粗犷，纹样朴实，虽然取材于自然界的花、鸟、虫、鱼等，但是加上了自己的想象力，而不是写实的。

威宁火腿

威宁火腿是以肉质优良的威宁高原猪猪肉为原料制作而成的，外表油黑，用竹签刺入，芳香便会从细孔中溢出。把火腿洗净后切开，其肉色泽鲜红，肉质细嫩，营养丰富，威宁火腿口感鲜美，可煲汤、可烤、可炒……均能展现其美味。

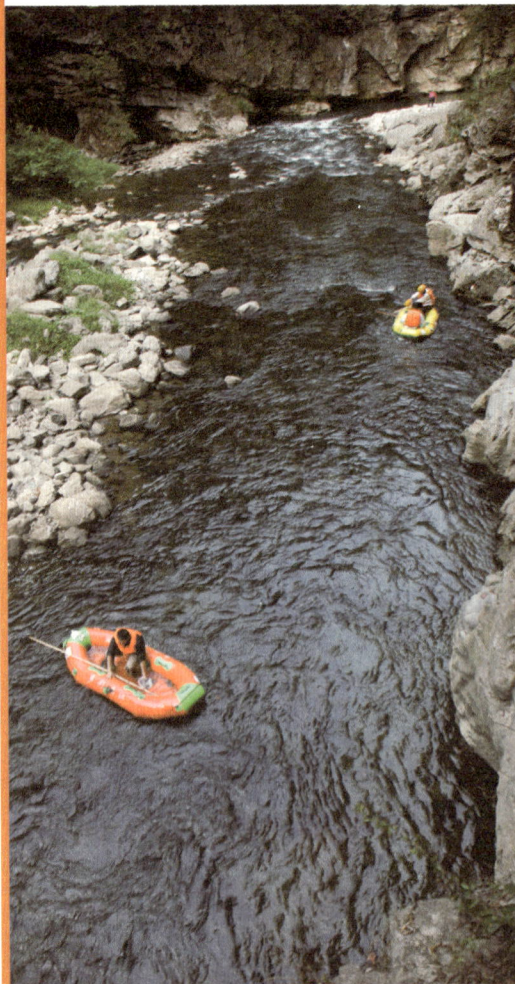

领略
自然山水

南江大峡谷

　　南江大峡谷是"贵阳八景"之一，被誉为"喀斯特生态博物馆"。大峡谷为典型的低中山峡谷地貌景观，以发育典型、气势宏大的喀斯特峡谷风光和类型多样、姿态万千的瀑布群落为特色。

荔波小七孔

　　荔波小七孔是贵州第一个世界自然遗产地。小七孔景区在宽仅1千米、长12千米的狭长幽谷里，集洞、林、湖、瀑、石、水等多种景观于一体，有"超级盆景"的美誉。其主要景点有古莱里、铜鼓桥、小七孔古桥、涵碧潭、拉雅瀑布等，真是美不胜收。

黄果树大瀑布

　　黄果树大瀑布以连环密布的瀑布群而闻名于海内外，享有"中华第一瀑"之盛誉，也是世界上最阔大壮观的瀑布之一。奔腾的白水河从悬崖绝壁上直泻而下，形成九级瀑布，落差共为105.4米。瀑布宽101米，高77.8米。

梵净山

　　梵净山被称为"贵州第一名山"。这里可以看到梵净山的一大奇观——万米睡佛，又为佛中佛，佛头为三个，坐佛有两尊，寓意"五福临门"，且长达万米，是世界之最，很像大肚弥勒，山即一尊佛，佛即一座山。

安顺龙宫

　　龙宫风景区是以暗河溶洞为主称奇，并集旱溶洞、峡谷、瀑布、峰林、绝壁、溪河、石林等多种喀斯特地质地貌景观为一体。这里有中国最长、最美丽的水溶洞，有中国最大的洞穴佛堂和中国最大的洞中瀑布，以及全世界最多、最为集中的水旱溶洞等。

百里杜鹃景区

　　百里杜鹃是世界唯一的杜鹃花国家森林公园，拥有世界级国宝精品。这里享有"地球彩带、世界花园"之美誉，是中国春观花、夏避暑、秋休闲、冬赏雪的生态旅游胜地，其主要景点有百花坪、锦鸡箐、画眉岭、览胜峰等。

贵州
丹霞经典三日游

DAY 1

　　坐车来到遵义市习水县土城古镇，这里不仅有绝美的丹霞地貌，还有众多红军长征时留下的旧址，走在土城街巷，至今仍可以看到保存完好的古盐号和船业工会旧址。

DAY 2

　　前往中国丹霞第一大瀑布——赤水大瀑布，它也是我国长江流域最大的瀑布。下午到达赤水竹海国家森林公园，感受这里的竹林、桫椤、流水、碧潭、滩涂等立体生态景观。

DAY 3

　　前往被誉为"丹霞第一园"的佛光岩景区。有着"世界丹霞之冠"之称的佛光岩呈弧形，是一座垂直壁立的巨大丹霞崖壁。整个景区以丹霞地貌壮年期景观为主，集新、奇、险、秀、幽、野六大特色为一体，尽显奇险与野趣。

土城古镇

赤水大瀑布

赤水竹海森林公园

佛光岩

贵州
文化深度六日游

黄果树瀑布

荔波小七孔

西江千户苗寨

镇远古城

梵净山

DAY 1

主要转一下贵阳市区，看看市区那些标志性的建筑，如甲秀楼、文昌阁等。晚上可以到小吃街吃一些贵阳当地的特色小吃，如丝娃娃、烤鱼、肠旺面等。

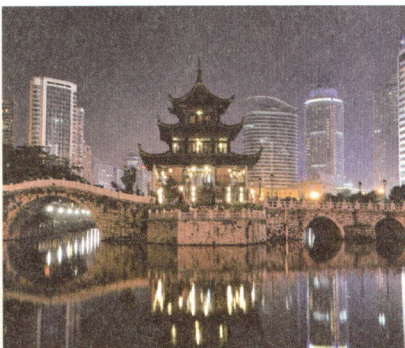

DAY 2

从贵阳出发，到黄果树瀑布游览，这里是世界上唯一可以从上、下、前、后、左、右六个方位观赏的瀑布，非常值得一看，当年86版《西游记》也曾在这里取景。

DAY 3

游览荔波小七孔景区，这里可谓是大自然的天然氧吧。荔波小七孔有"地球上的绿宝石"的称号，成为很多大热的古装电视剧的取景地，《跟着贝尔去冒险》也在这里取过景。

DAY 4

游览西江千户苗寨，这里是目前中国乃至全世界非常大的苗族聚居村寨。寨内吊脚楼层层叠叠，独具特色，晚上在观景台看夜景，更是别有一番滋味。

DAY 5

到镇远古镇玩一天，这里拥有着2000多年的历史，是贵州省黔东南苗族侗族自治州镇远县的名镇，比较有名的小景点有石屏山、铁溪古城等。

DAY 6

到佛教圣地梵净山看一看，这里已经被列入了世界自然遗产名录，既是生态王国，又是风景胜地。

赤水丹霞

赤水以其 1000 多平方千米的丹霞地貌著称于世。艳丽鲜红的丹崖赤壁,拔地而起的孤峰窄脊,仪态万千的奇山异石,巨大的岩廊洞穴和优美的丹霞峡谷与绿色森林、飞瀑流泉相映成趣,形成了独特的丹霞景观。

所谓的丹霞地貌,就是在中生代侏罗纪至新生代第三纪沉积形成的红色岩系。贵州的赤水丹霞堪称中国丹霞之冠,这里的丹霞地貌点缀在原始森林、竹海、桫椤之间,就像是红宝石镶嵌在绿洲之中,构成了世界罕见的绿色丹霞景观。这里还有多条急流飞瀑深切河谷,形成了中国最大的丹霞瀑布景观群,可谓是名副其实的"千瀑之地"。再加上丹崖赤壁发育的高度、宽度和体量之大,使其具有很强的视觉冲击力。

在赤水,最为独特、最受游人称誉的丹霞景观有金沙沟赤壁神州、香溪湖万年灵芝、四洞沟渡仙桥、炳安天生桥、天台山红岩绝壁、长嵌沟丹崖峡谷、十丈洞丹霞岩穴等十多处。雨过天晴,当金色的阳光照在丹岩上,把红色的岩石映衬得格外艳丽时,就会形成红岩、绿树、银瀑、清泉相映成趣的美丽风景。

夜郎古国

有一个成语叫"夜郎自大"，关于它有一个典故，说的是夜郎国的国王问汉朝使者，汉朝和自己的国家相比，哪一个更大？事实上，夜郎只是汉代西南地区的一个很小的国家。它在历史上的确切位置就是现在的贵州及周边地区。

近年来，经过考古发掘已经初步证实，夜郎文化的代表遗址位于贵州赫章县可乐彝族苗族乡的可乐。可乐地处乌蒙山腹地，平均海拔 1990 米，可乐河自西向东流过。可乐遗址（古墓群）的面积有 9.4 平方千米，由 3 个遗址和 15 个墓群组成，约有古墓上万座。更为奇特的是，夜郎曾经具有独有的"套头葬"习俗，如用鼓形铜釜套头，以及用铜洗罩面、铜釜套脚。据分析，套头铜釜曾是死者生前用的炊具，是特殊的宗教用器，而不同的墓葬，处理方式又不尽相同，这种奇特的埋葬方式在国内考古中是很罕见的。

夜郎古国始于战国中期，终于西汉末年，历史跨越 400 多年。在秦代时期，夜郎国就已经进入定居的农业社会。夜郎古国人文历史悠久，这里是中国稻作、鼓楼、巫傩文化保存最完整的地区，千百年前延续至今的"竹崇拜""牛图腾"与斗牛、斗狗等独特的民族风情构成了内涵丰富、扑朔迷离的夜郎文化，与中原文化形成了鲜明的对比，是我国西南地区一笔宝贵的精神文化遗产。

屯堡文化

在今天的贵州安顺一带，聚居着一个与众不同的汉族群体——屯堡人，他们的民居建筑、语言服饰、娱乐方式等都沿袭着明代的文化习俗，宛如演绎着一幕幕明代历史的活化石。这一独特的文化现象被称为"屯堡文化"。

屯堡文化是古代封建耕战经济在贵州安顺一带的留存，最早源于明朝军队的南征和之后的调北填南。明洪武年间，朱元璋派 30 万大军征讨南方，为了巩固对这里的统治，于是推行屯田制度，让军队和家属就此立寨安居，并从中原征调大量的农民、工匠、商贾等迁来黔中，这些人逐渐构成了一个汉族社会群体，形成了独特的屯堡文化。

屯堡文化既有自己独立发展、不断丰富的历程，又有中原文化、江南文化的遗存。屯堡民居最大的特点是石头的广泛应用。另外，这里的地戏也是屯堡文化的代表，被称为戏剧史上的"活化石"。

安顺屯堡文化最具有代表性的要数云峰屯堡文化风景名胜区，这里的云山、本寨的明代古城墙、古箭楼、古巷道、民宅、古堡等保存得很好，极具学术价值和旅游价值。黔中屯堡人，以其遗存的古风和鲜明的特色，引得各界游人为之惊叹和向往。

苗寨侗乡

　　贵州是一片古老神奇、美丽富饶的土地，在这里纵横交错的青山绿水之间生活着多个多姿多彩的民族，这些民族各有各的特色，而生活在黔东南州的苗族和侗族无疑是其中闪耀的两个民族。

　　中国的苗族人口差不多有一半住在贵州，在贵州分布着众多有名的苗族村寨，舟溪苗寨是苗族芦笙节的举办地，西江千户苗寨是全国最大的苗族村寨，空申苗寨以裙装服饰别具特色而著称，岜沙苗寨号称"最后的枪手部落"。侗族主要分布在贵州省的黔东南苗族侗族自治州，肇兴侗寨中的鼓楼在全国侗寨中都绝无仅有；小黄侗寨是大歌的发源地，被公认为"大歌之乡"；堂安侗寨满是石板路、古瓢井等古朴典雅的实物……几乎所有的村寨都掩映在山水之间，悠悠的小河，美丽的吊脚楼，苗家和侗族女孩的漂亮服饰，一切都让人心情愉悦。

　　贵州的黎平、榕江一带是侗族的聚居区，在这里的每一个侗家寨子里，你都能感受到浓厚的民族特色，和寨民们一起唱歌跳舞，吃着这里的特色美食，一颗浮躁的心远离了尘世的喧嚣，让人仿佛置身于世外桃源一般。

酸爽美食

　　贵州菜又称黔菜，由贵阳菜、黔北菜和民族菜等数种风味组成。早在明朝初期，贵州菜就已经趋于成熟，大多菜式都有 600 多年的历史。

　　贵州菜肴的一大特色就是酸，贵州有"三天不吃酸、走路打蹿蹿"的民谣。几乎家家都会腌制酸菜，既开胃又消食。酸汤则爽口提神、杀菌消毒，还可以去油腻化脂肪。酸菜的腌制主要原料为萝卜、白菜、卷心菜等。酸汤的制作又分菜类酸、鱼类酸、肉类酸、米类酸等，完全靠生物自然发酵而成。

　　就拿做酸菜鱼的汤来说，它和我们平时所吃的酸菜鱼用料可不同，这里的酸汤是用烧开的米泔水酿制而成的。上好的酸汤是白色的。如果再加上一些黄豆芽、小竹笋和小葱作辅料，味道就更加鲜美、独特了。

　　黔东南各地都有酸汤鱼，以凯里酸汤鱼最为有名，麻江县的酸汤鱼还获得过中国西部国际博览会精品菜肴暨美食文化展特金奖和中国名宴金鼎奖。黔东南榕江、剑河等地的侗族人民几乎家家都有酸坛，制作酸汤。此外，还有一道酸味美食不容错过——酸笋牛肉火锅。

乌江美景

千里乌江是贵州高原的母亲河，它源于威宁县香炉山，一路奔腾穿越贵州高原，流经黔北及渝东南，最终在重庆市注入长江。

乌江是贵州省第一大河，又称黔江。它全长 1037 千米，流域面积约 8.8 万平方千米。乌江水系呈羽状分布，流域地势西南高、东北低，由于地势高差大，切割强，乌江沿岸的自然景观垂直变化明显，以流急、滩多、谷狭而闻名于世，号称"天险"。乌江自古以来为川黔航运要道，1995 年竣工通车的江界河大桥，横跨乌江天险，桥面至最低水面 263 米，主孔径 330 米，是当时世界第一跨径的大拱桥。

乌江在铜仁地区沿河县境内形成 10 万米的天然山水画廊，江水两岸翠绿葱郁，重峦叠嶂，奇峰对峙，各显神姿。特别是荔枝峡、白芨峡、土坨子峡是山水画廊的精品，清代诗人翁若梅赞叹："蜀中山水奇，应推此第一。"

2019 年 9 月 28 日，乌江源百里画廊水上旅游新线路首游式在织金举行。湖区总长 62 千米，宽度 60~1000 米，湖水面积近 20 平方千米。湖水清澄，宁静秀丽，两岸峰壁险峻，气势恢宏，且多有瀑布山泉跌落湖中，有"山似三峡而水胜三峡，水似漓江而山胜漓江"的美誉，是千里乌江上很美的崖壁画廊。

遵义会议

在黔北重镇遵义红花岗区，一栋其貌不扬的两层楼房临街而立。80 多年前，在这栋小楼里召开的一次会议深刻地改变了中国共产党和红军的命运，也改变了当代中国的历史进程。这次会议便是大名鼎鼎的遵义会议。

1935 年 1 月，在中央革命根据地第五次反"围剿"失败和长征初期严重受挫的不利情况下，中共中央政治局在长征途中举行遵义会议，事实上确立了毛泽东同志在党中央和红军的领导地位，开始确立以毛泽东同志为主要代表的马克思主义正确路线在党中央的领导地位，在最危急关头挽救了党、挽救了红军、挽救了中国革命。这在党的历史上是一个生死攸关的转折点。

目前，以遵义、赤水等革命圣地为中心的黔北地区已经成为贵州红色旅游的重要名片，主要景点有遵义会议会址、娄山关红军战斗纪念碑、四渡赤水纪念馆、遵义红军烈士陵园、红军遵义总政治部旧址、红军遵义警备司令部旧址等。这片曾经的热土开始用另外一种方式造福生活在这里的百姓。

喀斯特地貌

贵州，素有"中国的喀斯特省""喀斯特博物馆"的美誉，其山地面积为 91.2%，是中国唯一一个没有平原的省份。即便是省会贵阳，也分布着广泛的喀斯特，人们经常在高楼的"水泥森林"间看到一座"摩天大山"。

所谓的喀斯特地貌，实际上是一种亿万年间山水大运动形成的地理奇观。至柔的水在时间的加持下，就像是一把坚硬的刀，将石灰岩层纵横切割，就这样形成了雄奇多彩、陡峭多变的喀斯特地貌。壮美的峰林、石林，奇绝的峡谷、盲谷，神秘的溶洞、天坑……在贵州，喀斯特地貌的类型可谓应有尽有，且风格鲜明。

梵净山在喀斯特地貌环绕中就像一座孤峰，独树一帜；万峰林是中国最大的锥状喀斯特峰林；在贵州思南，长坝和荆竹园两片石林隔江相望，形成一座"喀斯特博物馆石林分馆"；贵州密集的瀑布也颇为壮观，被称作"喀斯特瀑布群"，其中又以黄果树大瀑布最为典型；贵州紫云的格凸河洞厅，有溶洞，有山水，古朴幽奇，还生活着人类最后的穴居部落"中洞苗寨"；而"溶洞之王"织金洞堪称地下喀斯特世界中的明珠，这里的石笋、石柱、石幔、石芽、钟旗……五光十色，千姿百态；荔波茂兰自然保护区则造就了世界上面积最大的喀斯特原始森林……

第 1 章
贵阳及周边

黔灵山公园
青岩古镇
南江大峡谷

黔灵山公园

贵阳城里的森林公园

微印象

@就是爱贵阳 "贵在城中，美在自然"，这话说得一点没错，公园里树木超多，空气清新。山顶的"瞰筑亭"可以俯瞰整个贵阳市，登高望远，视野很好，可以爬上去领略一番美景。

@请叫我小清新 黔灵山公园令人印象最深刻的要数野生猕猴区了。那里的猕猴超级多，而且都是自然放养的，蹦来跳去，给公园增加了不少活力。另外，公园内还有游乐设施，适合小朋友娱乐。

门票和开放时间

门票：免费。

开放时间：7:00~20:00。

最佳旅游时间

黔灵山公园春可观花，夏可乘船，秋可赏红叶，冬可踏白雪，四季皆宜旅游。

进入景区交通

位置：贵阳市云岩区枣山路187号。

交通：

地铁：乘地铁1号线至八鸽岩站下，步行可达公园东门。

公交：市区有1、2、10、22、33等多路公交车至黔灵山公园站下可达公园南门。

景点星级

休闲★★★★ 美丽★★★★ 人文★★★ 浪漫★★★ 特色★★ 刺激★★

黔灵山公园是贵阳市里的一个天然大氧吧，因有"黔南第一山"之称的黔灵山而得名。

黔灵山北高南低，起伏连绵，气势磅礴，主要由象王山、白象岭、檀山、大罗岭、狮子岩、杖钵峰、宝塔峰等群山峻岭组成。大罗岭为全山最高峰，海拔1396多米。这里风景优美，但是以前因为悬崖险峻，很长一段时间内人迹罕至。后来被人发现后，声名大振，诗人名流纷至沓来。清朝石阡知府刘世恩将其列为"黔灵八景"之一。

园内古树参天，集明山、秀水、幽林、古寺、圣泉、灵猴于一身，在山顶的"瞰筑亭"上可眺望整个贵阳市景。公园内有许多名胜古迹和游览点，弘福寺、瞰筑亭、九曲径、麒麟洞是其中最精华的部分。山脚下是黔灵湖，湖面如镜，波光粼粼。湖畔还有一座革命烈士纪念碑，掩映在苍松翠柏之中。

攻略

黔灵山虽然不是很高，但是对于年纪大的游客来讲，登山也还是有一定难度。所以建议乘坐索道，索道在进公园大门往左的地方，乘索道可以直达大罗岭，单程20元/人，往返30元/人。登上山顶之后，视野非常开阔，可以在瞰筑亭俯瞰贵阳市景。此外，公园内的檀山、象王岭等由盘山步道贯穿相连，有空可以攀爬一下。

① 猕猴观赏园

走进公园后不到100米，首先欢迎你的应该就是一群猕猴了。猕猴观赏园是公园三岭湾景区的一部分，400多只野生猕猴在这里悠然自得地生着。它们有时在长廊水榭里与游客嬉戏，有时在公园里到处寻觅食物。所有的这些都仿佛把人带回大自然，形成人与自然和谐相处的动人景观。

② 动物园

动物园坐落在杖钵锋山坳台地上，始建于1958年，是一个繁育和研究野生动物的园地。这里修建有各种笼舍和饲养场，建有黑叶猴馆、熊猫标本陈列室、狮虎馆、熊池、鹿园等。这里有各种珍稀动物，其中有国家一类珍稀保护动物东北虎、非洲狮、金钱豹、羚牛等，有贵州特有的名贵动物华南虎、黑叶猴、长尾雉、红腹锦鸡、白鹇等，值得一览。

❸ 麒麟洞

麒麟洞原名唐山洞，因洞内有一块巨大的酷似麒麟的钟乳石，故又称麒麟洞。麒麟洞景区由洞内景观和洞外花园组成，洞长580米，内有6个各具特色的天然洞厅以及全国最大的200多平方米的太湖石。洞外花园外有一座由核桃木精雕细刻而成的龙牌坊，为贵州现代木雕之最。园内的建筑古色古香，对联、匾额等也为这里增添了不少书香气息。

最让它闻名遐迩的是因为抗日战争期间著名抗日爱国将领张学良和杨虎城曾先后被蒋介石关押于此。后来，这里设立了张、杨二将军文物陈列室，恢复了当年他们在此的卧室，里面陈列着珍贵的历史文物和图片物资，供游人观赏。

黔灵山公园示意图

故事　麒麟洞与张学良之缘

西安事变之后，张学良将军就被蒋介石囚禁了。当年张学良被囚禁的地方有很多，其中一个地方是修文县的阳明洞。1941年，张学良患急性阑尾炎，由修文县转到贵阳进行手术治疗。因为他的病没有彻底治愈，所以提出住在贵阳。军统局在左右为难之下，把张学良安排在了黔灵山公园的麒麟洞。也正是因为如此，这个小小的麒麟洞如今成了中外游人来贵阳的必游之地。

④ 弘福寺

观赏完麒麟洞之后，沿"九曲径"登山，往上走就到了弘福寺，这是贵州省第一佛教名刹，也是在全国重点开放的寺庙之一。大门两侧有钟鼓楼，里面的铜钟原在城内大兴寺，后来被移到弘福寺。

寺院中的殿堂结构典雅，规模宏大，环境清幽。弘福寺有三重建筑，大雄宝殿（正殿）、观音殿（中殿）、弥勒殿（前殿）。另外，寺内还有碑廊、素香斋、五观堂和五百罗汉堂等建筑。

解说

登临弘福寺之盘山古道"九曲径"为清朝康熙二十七年（1688年）赤松祖师开辟的。后来，在乾隆和咸丰年间经历了两度整修。新中国成立后，这条路又被加宽，现有石阶383级，沿途不仅能看到"古佛洞""洗钵池""灵官亭"等古迹；还能欣赏到"虎""黔南第一山"等摩崖石刻。

⑤ 黔灵湖

黔灵湖位于黔灵山下，1954年拦截大罗溪水筑坝而成。建成之后，黔灵湖就成了贵阳市民消暑纳凉的首选。现在，还可以乘坐小船荡舟湖上，感受湖光山色。若是赶上秋季，湖边的树叶呈现缤纷之色，更是摄影一族取景的最佳选择。

图中文字：小关湖　公园大门

拓展

甲秀楼始建于明朝，重建于清朝，楼名取"科甲挺秀"之意。楼建于南明河中一块巨石之上，高三层，为四角攒尖顶阁楼，朱梁碧瓦，通过"浮玉桥"连接岸边翠微园。甲秀楼是贵阳文化发展史上的标志。

夜晚的甲秀楼是游客喜爱的打卡地，甲秀楼的倒影构成了一道绝美的风景，吹着微风，听着潺潺流水声，仿佛置身于一幅美丽的生态画卷中。

一千米外青云路步行街，是国家级夜间文化和旅游消费集聚区，街灯映照着簇拥的人潮，潮流店铺汇聚于此，是贵阳的一个鲜活注脚。

攻略

不要忘记看一下黔灵湖西岸的"解放贵州革命烈士纪念碑"，1999年经过政府改造之后显得更加庄严肃穆。这座纪念碑是贵州人民开展革命纪念活动、进行爱国主义教育的重要场所，也是黔灵山公园的重要景点。

住宿 驴友力荐的住宿地

　　黔灵山公园是贵阳市比较重要的一处旅游景点，周围的住宿也很方便，附近的酒店主要以经济型酒店为主，如7天酒店黔灵山公园店（贵阳市云岩区北京路232号）、柏泰酒店（贵阳市云岩区八鸽岩路73号）、林城大酒店（贵阳市云岩区八鸽岩路15号）。

美食 饕餮一族新发现

　　黔灵湖边有小吃店，动物园边上也有小吃店，有烤肉串、烤鱿鱼、烤豆腐等，公园门口还有一家光头素粉店。公园附近还有一家老凯俚酸汤鱼，能够一品贵州的特色美食。

行程推荐 智慧旅行赛导游

　　黔灵山公园一日游：猕猴观赏园—动物园—麒麟洞—弘福寺—大罗岭—黔灵湖。

青岩古镇

首批中国特色小镇

微印象

@得天独厚 清晨的古镇最宁静质朴，这时候的商家还没有开始营业，游客也不是很多。后城门外放眼望去，是一大片绿油油的田野，偶尔会看到背着竹篓的老人进出，宛如世外桃源。

@以群Yiqun 青石筑成的青岩古镇，还保存着明清时期的风貌。走在名叫"背街"的小巷，青石板垒的石墙，古朴沧桑，仿佛是时空隧道。

门票和开放时间

门票：进入古镇（不含景点）10元，套票（含景点）60元。

开放时间：8:30~17:00。

最佳旅游时间

青岩古镇气候温和湿润，雨量充沛，3~10月是最佳旅游时期。春天来到这里可以观花；夏季来此可以避暑；秋季秋高气爽，来古镇又是另外一番迷人景象。

进入景区交通

位置：贵阳市南郊，距市区约29千米。

交通：从贵阳火车站乘203路可直达青岩；贵阳客运总站有到青岩的车，车程约为50分钟。

景点星级

人文★★★★★ 休闲★★★★ 特色★★★★ 美丽★★★ 浪漫★★★

一部电影《寻枪》让青岩古镇走进了人们的视线。青岩镇始建于明洪武十一年（1378年），是一座因军事城防演化而来的山地兵城，素有贵阳"南大门"之称，被列为国家5A级景区。小镇中有很多明代的民居建筑和寺庙，此外还有一座基督教堂和一座天主教堂，因而小镇中既有佛教徒，又有基督教徒和天主教徒。

攻略

喜欢摄影的朋友可以到小镇一侧不算太高的山坡上去，这座小山坡叫黄家坡。在这里，你可以俯瞰小镇全景，整个小镇的格局有在别的古镇中难以看到的立体美感。再带上一个比较好的相机镜头，如果再有一点摄影技巧的话，保证你拍出来的照片效果超级好，说不定还能获个摄影大奖呢！

除了寺庙、教堂，青岩古镇中最具文化代表性的就是古代牌坊了。原来的八座石牌坊到现在只剩下三座，分别是：北门外的"赵彩章百岁坊"、南门内的"赵理伦百岁坊"和定广门外的"周王氏媳刘氏节孝坊"。

❶ 周王氏媳刘氏节孝坊

游客进入景区之后，沿着古驿道往前走，出现在眼前的第一座牌坊就是周王氏媳刘氏节孝坊，它是青岩古城现存三座牌坊中的一座。周王氏媳刘氏节孝坊始建于清同治八年（1869年），是为表彰周朝忠妻王氏、儿媳刘氏抚育及教养子孙的事迹而建。

石坊高约9.5米，宽9米，正中横梁上刻有空雕"二龙抢宝"与"五龙图"，惟妙惟肖；中间还镶嵌着圣旨立匾。周王氏媳刘氏节孝坊与赵彩章百岁坊、赵理伦百岁坊都是摄影发烧友钟爱的取景地。

链接

据说刘氏17岁时定亲，但是还没等到她过门，丈夫就去世了。然而，刘氏却一直未改嫁，为亡夫守寡至90多岁。时隔多年，贞节牌坊下不知走过了多少游客，也许人们早已淡化了贞节牌坊本身的意义，而更加注重于欣赏的是牌坊的宏伟和壮观。

❷ 迎祥寺

游览完周王氏媳刘氏节孝坊之后继续前行，经过定广门、百岁坊、内城门等到达迎祥寺，它的具体位置在青岩镇南街西侧的小山脚下，是贵阳的著名古刹之一，有"黔山祖庙"之称。

迎祥寺建于明朝，有殿宇三重：天王殿中有弥勒佛像，大雄宝殿中有释迦牟尼像，大悲殿中有千手观音像。大悲殿楼上还供奉着道教的神仙"斗姆"，据说是因为迎祥寺所在地原为斗姆阁。

小知识

迎祥寺的开山和尚是智安。寺中的墓塔有20余座，但是智安的墓塔在青岩镇的山麓中，因为年久失修，被风化得很严重，唯有"开山和尚智安"几个字还能看得清楚一些。

❸ 文昌阁

从迎祥寺出来，经过万寿宫、古文化广场之后到达文昌阁，它是青岩古镇一处重要的旅游景点，古时的读书人在这里读书、聚会、祭拜文昌帝。文昌阁建于明万历年间，虽然在乾隆时期又重修了一次，但是现在的阁楼还是已经毁掉了，只剩下正殿、前殿和两厢。

赵彩章百岁坊
生物化石坡
教案遗址
贞女墓
三官阁
东岳庙
平刚先生故居
⑤ 北城门
白云山千年银杏
至马林方向
龙泉寺
观音寺
黑神庙
④
敬老院
赵以炯状元故居
川主庙
商业街
典型民居
天主教堂
雷祖庙
东城门
西城门
古文化市场
万寿宫
朝阳寺
文昌阁
③
寿佛寺
李克农曾居地
青岩书院
孙膑庙
慈云寺
赵公专祠
财神庙
② 迎祥寺
典型民居
彭公馆
药王庙
火神庙
基督教堂
邓颖超母亲曾居地
赵理伦百岁坊
南城门 古
驿
周王氏媳刘氏节孝坊
道
①
至惠水

青岩古镇示意图

攻略

如果你对浮雕很感兴趣的话，就不要错过院内两口由整块巨石凿成的石缸，不仅凿缸的技术令人叹为观止，更有欣赏价值的是，缸正面的浮雕人物和鱼花草图案。一口石缸都能雕刻得如此细致，这也反映出当时人们的技艺与对文化的重视。

④ 状元府

　　文昌阁前面是古文化广场，走出广场向右拐便是北明清街，再走几步就到了状元府。这里所说的赵状元是指赵以炯，他是贵州第一位文状元，也是青岩古镇人的骄傲。

　　故居坐落在小镇状元街1号，大院门前的对联"琴鹤谱志，论语传家"显示了主人一生的志愿。府第为两进四合院，占地面积700平方米左右。现存前殿、正殿、两厢和朝门，在朝门内的墙上有很多残存的"寿"字，传说为赵以炯的曾祖父赵理伦年过百岁时所留。故居的建筑都以木质结构为主，气派而不张扬，书香风范显著。

故事　"红顶状元"赵以炯

　　赵以炯于清光绪十二年（1886年）中状元，慈禧太后对他很偏爱。清光绪十三年（1887年）仲秋，太后召见了赵以炯，想为他做媒。但是当时赵以炯已经结婚了，于是婉拒了慈禧太后，这件事也使慈禧太后更加器重他。光绪皇帝大婚之日，太后指派赵以炯和王仁川为礼傧相，可按照清朝当时的规矩，状元顶戴的帽珠是白色水晶制成的，与婚礼气氛很不搭调。慈禧太后又不走寻常路，下令将赵、王两状元的顶珠换成红色水晶顶珠。以后，赵以炯便被贵州人尊称为"红顶状元"。

⑤ 北城门

　　赵状元故居离北城门很近，参观完之后可以直接从北城门出古镇。北城门为重檐歇山式顶木结构建筑，古代钦差下达皇帝圣旨就在这里。北城门初建于明朝天启年，清朝顺治年间，班麟贵之子斑应寿继承父亲的土司职位，将土城墙改建为石城墙。后来在清嘉庆年间，武举人袁大鹏对其进行重修扩建，现在这里已成为参观古镇的必游景点之一。

小贴士

　　如果你在古镇已经把必要的纪念品买好了的话，就可以在北城门直接坐回贵阳的210快巴了。快巴停靠点也非常好找，就在北城门附近的公路边。

攻 略

食宿 饕餮一族新发现

青岩古镇街上有很多小旅馆，可在这里住宿。其实，青岩古镇的游览用不了一天的时间，完全有时间赶回贵阳市区住宿，市区的选择性就太大了。

青岩古镇的美食和特产有豆腐圆子、青岩双花醋、青岩苗族腌肉、青岩米豆腐、青岩玫瑰糖、青岩芙蓉豆腐皮、青岩卤猪脚、恋爱豆腐果、黑糯米、刺梨酒等。这些你在小镇上都能买得到，价格也不是很高。

青岩苗族腌肉： 青岩民间自产的腌肉，口感奇特，是其他地方难得一尝的佳肴。腌肉的吃法众多，可以吃火锅、小炒、干蒸，美味至极。

青岩双花醋： 青岩古镇原来是不产醋的，清朝末年，一位外地人带着制醋的技术来到青岩，开始用籼米、麦麸和中药制醋，称为"头醋"。后来，他的后人经过多次试制，在"头醋"的基础上制成了"双花醋"。青岩双花醋黑中带红，吃起来口感好，醋味适中，回味悠长，是上好的调味佳品。

青岩玫瑰糖： 原名"寸金糖"，是将玫瑰花制成蜜饯，然后用糯米和小麦制成麦芽糖稀，再加上芝麻、核桃仁等精制而成，吃起来香甜酥脆。

行程推荐 智慧旅行赛导游

青岩古镇一日游： 如果驾车从贵阳出发，到青岩南停车场之后，可以依次游览古驿道—周王氏媳刘氏节孝坊—定广门—百岁坊—邓颖超母亲曾居地—基督教堂—内城门—迎祥寺 —慈云寺—背街—周恩来父亲曾居地—书院街—寿佛寺—东城楼—文昌阁—赵公专祠—万寿宫—西城楼—天主教堂—赵状元故居—龙泉寺—北城门。如果坐210快巴前往的话，可以从北城门进入，那么整个游览过程可以逆着来。

青岩古镇定广门（南城门）。台阶上的青苔，城墙上
的雨痕，无声地表达着历史。

南江大峡谷

喀斯特生态博物馆

微印象

@阿伟 南江大峡谷有"陶渊明的第二故乡，贵州的香格里拉"之称。这里景色优美，可以顺江在碧玉般的江水中进行惊险刺激的漂流，也可漫步于峭壁栈道，令人心旷神怡。

@啦啦啦 长达2千米的飞龙悬空木栈道给人感觉非常好，大朵大朵的野百合和不知名的野花在山谷中悄然绽放，确实有一种人在画中游的感觉。

门票和开放时间

门票：旺季78元，淡季49元。休闲漂流（含观光门票）168元，激情漂流（含观光门票）188元。
开放时间：8:00~18:00。

最佳旅游时间

南江大峡谷属于喀斯特峡谷风光，有类型多样的瀑布群，春、夏、秋都是旅游的黄金季节，其中又以7~9月为最，此时可以体验最刺激有趣的峡谷漂流。

进入景区交通

位置：贵阳市开阳县南江乡龙广村，距贵阳54千米。
交通：
1.延安西路（贵阳老客车站）贵阳旅游集散中心上午9点有发往景区的直通车，下午5点返回贵阳市区。
2.花果园R1区旅游集散中心，上午8点、9点、10点各一班发往景区。

景点星级

刺激★★★★　美丽★★★★★　浪漫★★★　特色★★★　休闲★★★　人文★★

南江大峡谷全长18.4千米，落差218米，以气势恢宏的喀斯特峡谷风光、多样的瀑布群、优越的生态为特色，风光旖旎，著名地理环保专家、香港大学教授吴祖南赞誉其为"贵州的香格里拉"。

峡谷内有自然景观80多处，瀑布40多条，小南江的奢香瀑布落差达150米。南江大峡谷形成了以峡谷、瀑布、溶洞、奇峰为主的旅游景观。峡谷深处长达2千米的栈道可称为全国之最，游客漫步其中，可以饮山泉水，呼吸新鲜空气，享受森林浴，听山里的鸟鸣，这里堪称开阳休闲的最好去处。

攻略

1. 晚上不要错过这里热闹非凡的民族歌舞文化，还可以体验别具特色的木桶植物精气浴和天然泉水游泳池。此外，这里还有由惟妙惟肖的释迦牟尼佛、弥勒佛以及忽隐忽现的众多佛像构成的万佛山，都是值得一看的奇观。

2. 从2008年开始，南江大峡谷每年7月份会举办人体摄影大赛。这个大赛规模很大，上百位摄影家和人体模特都会参加，基本不会影响游客游玩。从另一方面来讲，对于喜欢人体摄影的人反而是一个锻炼摄影水平的好机会，有兴趣的游客可以联系当地摄影协会报名参加。

① 峡谷漂流

一般到景区之后的第一件事就是进行峡谷漂流，途中峭峰顶立，最深处达398米。南江大峡谷地层古老，是典型的低中山峡谷地貌景观，奇异壮丽。

乘坐皮筏在南江大峡谷开始漂流，首先就必须要经过喇叭口。喇叭口长800米，这里山势比较险，没有陆路可走，只能乘船。当船过峡谷最窄处的时候，抬头往上看，会发现峭壁上满是灌木丛。让人惊讶的是，这里的植物生长的环境虽然不是很好，但它们都长得很茂盛，给周围的环境增加了不少分数。

锣鼓冲是游客乘皮筏进行南江大峡谷漂流的最后一站。这段河段长5.2千米，两岸山势陡峭。在锣鼓冲，有竹筏、独木舟和摩托艇等多种选择乐游于水上。在这里乘小游艇往下，就到情人谷了，这里虽然有许多洞穴和瀑布，但水平如镜，整个环境也很安静，所以叫作情人谷，很适合情侣或者新婚夫妇来此消遣。

小贴士

进行漂流前要注意，不要带任何会湿水的物品。另外，要做好必要的防护措施，尽量选择长衣长裤、速干面料的衣服，使用防晒帽、防晒霜等防晒用品。

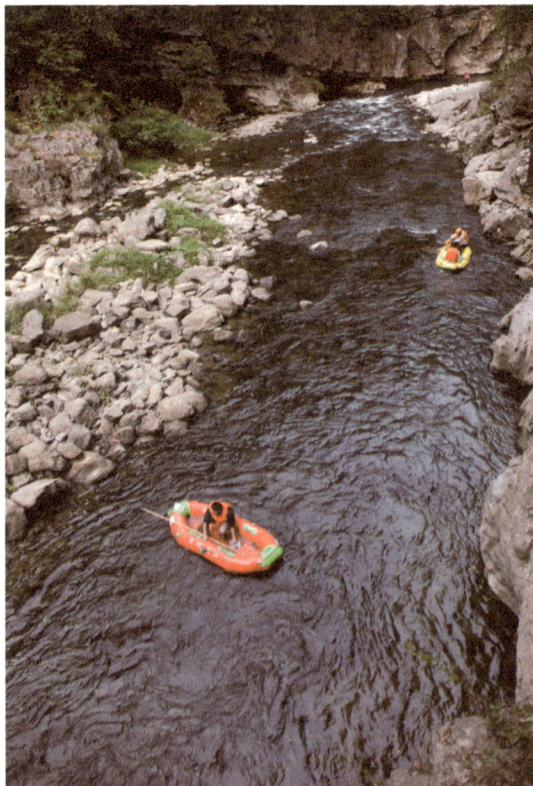

❷ 梯子岩民族风情园

享受完刺激的漂流之后，下船第一站就是梯子岩民族风情园。这里是一个民俗与自然相结合的唯美旅游佳境。园内树木茂密，遍布奇珍异木，空气非常清新，令人心旷神怡。此外，在风情园中还可以尽情欣赏具有苗家特色的吊脚楼与风雨桥。倚靠在吊脚楼的"美人靠"上，从高处往下望，峡谷风光尽收眼底。

链接　苗族吊脚楼

苗族人大部分居住在高寒山区，山坡陡峭，不容易挖地基，而当地气候又比较潮湿，如果建造与平原上相同的房子，则会湿气太重，因而苗族人发明了独特的吊脚楼。吊脚楼一般建在斜坡上，有 2 层的，也有 3 层的。最上层很矮，用来存放粮食。楼下用来堆放杂物或者作牲口圈用，中间的部分用来居住。

❸ 金钟瀑布

离开梯子岩民族风情园之后继续前行可到达金钟瀑布，这是一座钙华瀑布，高 30 多米，据说是中国最大的钙华瀑布。称其金钟瀑布可谓名副其实，因为你一敲它，便会发出金石之声。这里的水中有大量钙质，在水流的过程中钙质沉淀下来，就形成了钙华，而水从上面流下来，时间足够长之后就形成了石头瀑布。

小贴士

金钟瀑布有一个亮点，钙华瀑布中间是空心的，游客可以从底下钻进去，然后从瀑布上面的洞口露出头来。这一瞬间一定要用相机拍下来，拿回去给朋友瞧瞧。没有去过的人一定会觉得非常惊讶，感觉像看了恐怖片。

至开阳

天外天瀑布
南江大佛
金钟瀑布
万珠瀑布
飞龙索桥
悟空拜观音
激情漂终点

水落亭台
喇叭口码头
南江大印
飞龙栈道
休闲漂终点
古河床遗址
发财树
唱和河瀑布

漂流起点
1
码头
电瓶车终点
验票处
梯子岩餐厅
缆车

南江站
景区主入口
山崩角砾岩
梯子岩民族风情园
布依山寨
十里画屏
2
锣鼓冲度假村
飞鹰壁
五指山
鸳鸯湖
石门鬼怪

贵开高等级公路

3
4
面具山
比目鱼

至贵阳
哨上

双塘

南江大峡谷示意图

4 鸳鸯湖

　　鸳鸯湖长约8千米，因为有贵州最大的自然野生鸳鸯群落而得名，每到冬天便会有数千只野生鸳鸯在这里栖息。南江大峡谷修了水电站之后，生态环境变好。鸳鸯在这里过冬时，渐渐习惯了这里的气候，到了夏天也懒得离开，于是就选择这里作为它们的永久居所了。现在到这里来，随时都能看到鸳鸯，而且有时候规模之大是你想象不到的。

攻略

　　春天和夏天来到这里，能经常看到母鸳鸯带着几只毛茸茸的小鸳鸯在湖边上觅食，数量不是很多。观赏鸳鸯的最佳时节是秋天和冬天，成片成片的鸳鸯掠过湖面，尤为壮观。而且这些鸳鸯都是成双成对的，看着它们悠闲自在、恩恩爱爱的样子，顿时让人从中体味到"只羡鸳鸯不羡仙"的真正含义。

攻 略

住宿 驴友力荐的住宿地

　　南江大峡谷属于开发比较成熟的景区，住宿也非常方便。你可以住在景区内，还可以住在景区之外。景区内有梯子岩度假村，内设各式客房；锣鼓冲度假村位于锣鼓冲峡谷内，中低档消费，较干净卫生。景区外有心宿·青定阁可以住宿，它位于开阳县禾丰乡水头寨，每间客房的结构和装饰各异。

美食 饕餮一族新发现

　　你可以在梯子岩餐厅、锣鼓冲度假村餐厅内品尝到南江特产的小花鱼、土鸡、富硒腊肉和农家饲养的本地猪及各种野菜做成的地道农家饭，还可以品尝到开阳著名的富硒食品、富硒茶等。南江小花鱼因为没有受到污染，味道极为鲜美，当地人用这种鱼做成的酸汤，其汤色奶白，肉质细嫩，是南江旅游不容错过的特色佳肴。景区内还有当地人自酿的金枝玉叶酒、黑糯米酒，可以买点带回家。

行程推荐 智慧旅行赛导游

　　南江大峡谷一日游：南江大峡谷漂流—梯子岩民族风情园—金钟瀑布—鸳鸯湖。其中峡谷漂流会经过喇叭口与锣鼓冲等景点，之后上岸可游览梯子岩民族风情园与金钟瀑布等景点。

第2章
贵阳
向西南

天龙屯堡
龙宫风景区
黄果树风景区
格凸河风景区
马岭河峡谷
万峰林
中国天眼景区

贵州深度游
Follow Me
★ ★ ★ ★
慢旅行的好守望

天龙屯堡

未被商业化的明代古镇

@萱儿 沿着屯堡的石板街一路走去，就像游走在古装戏里一般。小桥流水，杨柳依依，到处是温软的江南侬语，到处是仍穿古装的"老汉族"女人，然而，你又清醒地知道，这不是在戏里。

@甜蜜宝拉 去屯堡旅游我推荐看地戏，这是很有地方特色的戏种，别的地方看不到。演员们戴着面具，腰围彩裙，身背战旗，在锣鼓的伴奏下，唱腔高亢粗犷，很有感染力。

门票和开放时间

门票：60元。开放时间：8:00~18:30。

最佳旅游时间

春季是游览天龙屯堡的最佳季节。此时油菜花开，满眼金黄，风景如画，是摄影的黄金季节。另外一个游览的好季节是秋季，这时候秋高气爽，树木的叶子逐渐变红、变黄，色彩斑斓，令人目不暇接。

进入景区交通

位置：安顺市平坝区天龙镇，距贵阳72千米。

交通：

1.从贵阳出发：在贵阳北站乘高铁至平坝南站下车，乘平坝1路公交车在中山大厦站换乘2路公交车可达景区。

2.从安顺出发：在安顺汽车站乘坐到平坝的班车，中途在天龙镇下车即到。

景点星级

人文★★★★　特色★★★　美丽★★★　休闲★★★　浪漫★★★　刺激★★

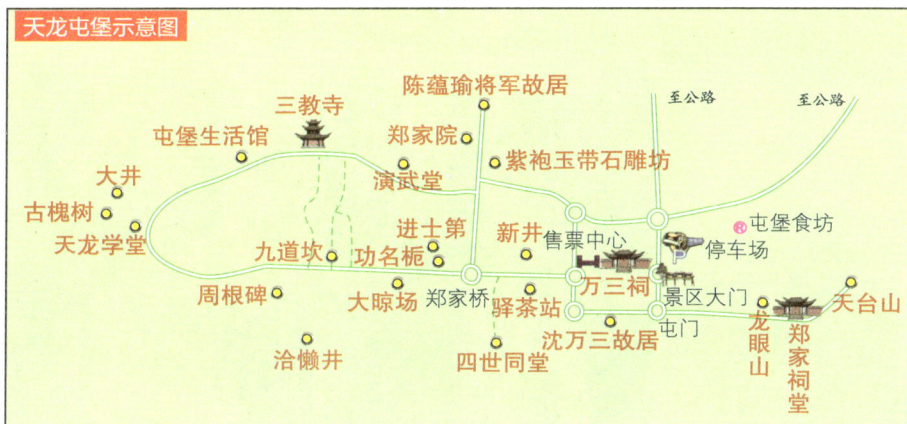

天龙屯堡示意图

　　曾经的一段时间，穿越戏非常火爆，似乎大家都对我们祖先过去的生活充满了好奇。可是，你知道吗？不用拍戏，你也能真实地穿越到明朝，那就是到安顺平坝区的天龙屯堡去走一遭。在这里，仍然保留着600多年前明朝江南文化的风俗和屯军文化遗风。来到此地，你会惊奇地发现：地地道道的明朝生活、古街坊竟然完整地保留在这座古镇之中。这里聚居着一支与众不同的汉族群体——屯堡人，他们的语言、服饰、民居建筑及娱乐方式与周围的村寨截然不同。来到天龙屯堡，一定不要错过的是这里的石头古城、民族服饰以及地戏。

历史小故事

　　明朝开国皇帝朱元璋征服西南后，命令大军驻扎下来。之后，从南京、江西、安徽等地把一些工匠、平民等移民到贵州，这些人在亦兵亦民的过程中在这里繁衍着后代，也一直守着世代传承的文化生活习俗，后来就形成了"屯堡文化"这一独特的现象。天龙屯堡的很多老年人还自称是南京族，1997年，陈姓后裔陈先润先生到南京寻根，经过艰辛的探访终于找到了始祖陈典的居住地玄武区都司巷。

链接　屯堡妇女的服饰

　　屯堡妇女所穿的古装叫作"凤阳汉装"，正是大明朝江南女子的装束。她们的服饰为大襟长袍，青色、蓝色、绿色居多，长袍的领口、袖口和斜襟处用彩线和其他颜色的布条装饰，裤子一般为蓝色，腰上还会系上飘带。

　　从妇女头上包的帕子的颜色能判断她是不是家里最年长的妇女。屯堡上的未婚少女都梳一条长辫子，扎红头绳。已婚女子除了要把头发挽起来，一般还需要剃额修眉。头上罩白色头帕，说明她家里还有婆婆，现在还是儿媳妇。如果头上罩的是黑色头帕，说明她已经是婆婆，是家中最年长的妇女了。

❶ 石头砌造的古城

　　天龙屯堡的建筑将石头工艺发挥到了极致，走进古镇，宛如走进了一个石头的世界：眼睛看到的是石头，手摸到的是石头，脚下踩的还是石头。这里的石墙高大、厚实、牢固、易守难攻。遇到战事，敌人很难攻进院内，石屋的人可有效保护生命财产安全。另外，这里的石巷纵横密布，将整个古镇连为一体，外人看来错综复杂，镇里的人则感觉井然有序。敌人一旦进入巷中，就像进入了迷宫，想出去都难。

051

❷ 精彩的地戏表演

来到天龙屯堡，还能看到独具特色的地戏表演。沿着石板街一直往前行就来到了位于街尾的天龙学堂，在这里的天井中便能看到地戏演出。

地戏最主要的表现形式是唱歌与跳舞。演员头上戴着"脸子"，腰间围上色彩鲜艳的彩裙，背上背着战旗，持戈扬戟，在鼓锣的伴奏下表演，粗犷、原始的跳跃，高亢嘶哑的唱腔，让人感觉远古战争的场面好像就在眼前，思绪也早已经飘向 600 多年前。

地戏表演的内容大多以《杨家将》《薛家将》等为主，他们有时一个人独唱，有时是大家一起和声，配上铜锣、皮鼓的打击乐，还真有古战场厮杀的气氛。虽然不能完全听懂唱的是什么，但感觉很好。表演的人所戴的面具叫"脸子"，这是地戏中最不可缺少的东西。

❸ 天龙学堂

天龙学堂建于 1907 年，它是屯堡建筑中的杰作，采用屯堡人惯用的石木结构，但也不排斥瓦等建筑材料。天龙小学共分为主楼、教学楼、图书楼、宿舍楼及伙房等建筑。主楼为恢宏的礼堂建筑，高大雄伟，石墙体，屋面盖瓦；从主楼的背面可见到屯堡建筑的典型形式：窗户小而少，主要采光都在正面。教学楼分为两幢，石墙体，石板房，木架结构，为了让采光效果更好，窗户都为大圆拱形。图书楼是多棱形，石墙体，瓦盖屋面，很像一个古堡状。校门为石牌坊建筑，气势宏大。

❹ 天台山

天台山因形如一座登天高台，故而得名。天台山如一岭石立田畴，山虽不高，其势陡峭，直插蓝天。走进天台山，就像是走进了一座神奇的植物王国，它有着三千多种植物，蔓萝遮日，灵樟冲霄。站在山峰之上，顿有天台览胜、群峰来朝之感。

伍龙寺建于天台山上，它始建于明朝万历十八年（1590 年），释、儒、道三教共居，远看就如古城堡一样。伍龙寺雄峙于天台山巅，全部都用石头筑成，没有用一点土，被誉为"山地石头建筑的绝唱"。主殿庄严肃穆，两侧建有精巧的配殿，雕梁画栋，有很高的艺术价值。

攻略

天台山主峰岩石下有一株明代的古银杏树，主干粗壮，需要有四五个人才能合抱。这棵古树被当地人看作神木，树枝上全都是一些祈求保平安的红布条。每年的深秋时节，古银杏树的落叶就会铺满整个山道和山坡，一片金黄，唯美的景色让人陶醉。另外，在天台山的山顶还可以俯瞰整个天龙屯堡，这里也是摄影取景的最佳位置。

攻略

住宿 驴友力荐的住宿地

游完古镇之后，可以返回安顺住宿，也可以直接住在屯堡景区内。住屯堡人家，可以细细体味屯堡文化和屯堡人的生活场景。屯堡客栈位于景区古镇后街40号，设备齐全，价格低廉；天龙永顺宾馆位于天台山景区入口处，住这里徒步去天台山很方便。

美食 饕餮一族新发现

在天龙屯堡，你可以吃到正宗的农家饭菜与特色小吃。传统食品种类繁多，主食有糍粑、糕粑，副食有瓦片蒸腊肉、香肠、糟辣子，它们不仅美味，还可以长期保存。这里的风味菜有风味松糕、天子黄金糕、带皮牛肉、老汉蛋卷、泡椒蹄髈、青椒细鱼等。另外，千万不要错过屯堡人家特制的大碗驿茶和蜜制屯堡酒，这些都是纯天然无污染的农家特酿，可谓味甜香醇，细腻耐品。

购物 又玩又买嗨翻天

在天龙屯堡，你可以购买的东西有很多，如灶糖、酥豆糖、紫袍玉带石、虎眼石、根雕、刻画、手工绣花鞋、银饰、脸谱等。其中，灶糖与酥豆糖是天龙屯堡的特产。灶糖是当地人沿用600多年前老家的做法制作而成，甜而不腻，营养丰富。酥豆糖是堡子里的人过年必备的小点心之一，游客来到这里，总要带几盒回去。

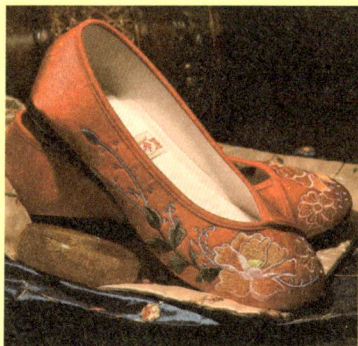

走在古镇上，经常会看到一些老太太坐在树荫下，三三两两的，一边做着手工，一边聊天，她们手上做着的一般是翘翘鞋。你可以买到不同尺码和花色的翘翘鞋，不仅样式别致、绣工精美，而且价格也不高。

天龙屯堡外，油菜花正在盛开，宛如画境。

龙宫风景区

山腰中的唯美水溶洞

@伊莎贝辣 龙宫，典型的石灰岩结构和喀斯特溶洞，想到这一切都是高悬在山之中心，就会觉得很不可思议。

@2012大大木头 龙宫内有洞穴、地下河、天上来水等奇景，很是神奇。玩过之后，你会相信这个名字叫得很贴切，这里就是龙居住的地方。

@梦_若沉睡 龙宫里面的景色很奇特，五彩斑斓，如有导游讲解，其中的奥妙能体会得更深刻。

门票和开放时间

门票：150元。

开放时间：8:00~18:00。

最佳旅游时间

龙宫风景区属于溶洞景观，一年四季均可以游览。3月中旬安顺有油菜花节，龙宫的油菜花随着喀斯特地貌分布，层层叠叠，蜿蜒伸展，好像每个山头都披上了一件挂毯，非常迷人。

进入景区交通

位置：安顺市西秀区龙宫镇，距安顺市27千米。

交通：可在安顺客运西站乘坐龙宫专线到达。

景点星级

特色★★★★　刺激★★★★　浪漫★★★★　美丽★★★　休闲★★★　人文★★★

龙宫与闻名全国的黄果树大瀑布毗邻，景区总体面积60平方千米，被游客誉称为"中国第一水溶洞"。

龙宫景区目前对外开放了二段，又称为"二进龙宫"，总长度1240米，洞内钟乳千姿百态，洞厅构造很像神话传说中龙王的宫殿。这里除了以"水旱溶洞最多、最为集中和天然辐射剂量率最低"两破世界纪录外，还有被称为"天下奇观"的地下暗河溶洞、全国最大的洞中佛堂——龙宫观音洞、全国最大的洞中瀑布——龙宫龙门飞瀑和佛堂山不转水转的旋水奇观——龙宫漩塘，以及世界上最大的单体汉字"龙"字田等瑰丽奇特的景观。

❶ 龙门飞瀑

进入龙宫景区之后，一般游客是沿着阻鱼河边的山道往上走，阻鱼河的尽头就是龙门飞瀑。龙门飞瀑是进入龙宫景区之后看到的第一个比较大的景点，与其说看见，不如说是听见，因为这个瀑布的声音实在是太响了。待你走到瀑布下面，一定会为之震惊。

龙门飞瀑高达 38 米，宽约 25 米，是中国最大的岩溶洞瀑布，它像一条蛟龙从山中咆哮而出，气势磅礴，十分壮丽。瀑布的水来自龙宫，这些水经过水溶洞之后在龙门洞口汇集，形成巨大的瀑布奔涌而下。

攻略

在龙门飞瀑两旁的绝壁上有栈道，其中左边栈道前有几块石阶，透过这些石阶上的栈道，伸手能摸到绝壁上的青苔和钟乳石，非常过瘾。沿着栈道往上走，会发现脚下的石阶越来越窄，也越来越滑，攀爬需要一定的勇气，建议女孩子不要自己一个人往上爬。走到栈道一半的时候，回头看看龙门飞瀑下的龙潭，那种惧怕的感觉就更强烈了。当然，此时的风景也是相当绚丽的，这时候打开相机，拍下照片留念最好不过了。据说，沿着这个栈道一直往上走，就能到龙宫洞外的天池。因为前面的路太危险，建议游客走到这里就不要往前走了。

❷ 天池

离开龙门飞瀑之后绕道往上走，不一会儿就来到了天池。这是一个水面宽阔的高山深潭，又名响水龙潭，海拔 1170 米，长 220 米，平均宽约 50 米，平均水深为 28 米。天池的水碧绿清澈，是龙宫泛舟的必游点。

天池的三面都是峭壁，各种林木相互缠绕，参差不齐，不时还能看到林鸟在其中盘旋，觅食嬉水。天池的出口处连着龙门飞瀑，这里的宁静与飞瀑咆哮的声势形成鲜明的对比，既有动态美，又有柔静美，瀑布让人心悸魂动，天池让人感到轻松安逸。

链接　天池二奇

天池岸边的峭壁上的植物很奇特：一是"叶上花"，二是"崖上树"。当然，"叶上花"并不是真的叶子上长花，而是指一种红色植物寄生在鹅耳枥的绿叶上。乍一看，可不就是叶上花嘛！"崖上树"是指一棵有 500 余年历史的古树，根部扎在土壤极少的岩缝中，顽强地生存。因为它的生存条件艰苦，所以又被戏称为"黄连木"。同时，又因为树鳞倒挂而被叫作"倒鳞树"。

❸ 一、二进龙宫

一、二进龙宫被誉为全国最长、最美的水溶洞，为龙宫三绝之一，其蜿蜒于龙宫奇峰异谷之下，堪称一绝。其中一进龙宫长840米，由群龙迎宾厅、浮雕壁画厅、五龙护宝厅、水晶宫、高峡幽谷宫五个部分组成，乘船穿行于溶洞暗河之中，可以看到头顶上斑斓的洞中奇景就像绚丽的夜空一般；二进龙宫全长400米，共分为四个大厅，洞内景观粗犷，钟乳怪诞，如刀劈似斧削，潭深水幽，曲折神秘，水幕电影光怪陆离，船走在这里，仿佛进入了时光隧道一般，妙趣横生。

小贴士

龙宫溶洞内的光线较暗，如果想拍出好的照片，一定要带好单反相机与相应的器材。卡片相机根本拍不出那么好的效果，尤其是对于那些颜色的变幻与钟乳石。坐船游览的时候，一定要听船家的话，不要在船上打闹，以免发生意外。

❹ 群芳谷

群芳谷位于龙宫中心景区和漩塘之间，这里还有一个俗称叫"药王谷"，相传是药王孙思邈的采药基地。山谷内植被茂盛，各种鲜花争奇斗艳，还有百合、七叶一枝花、冷水花、岩白菜等独特的中草药。其地质结构处在丘陵和喀斯特地貌转换地带，贵州的地质、植被在这里展现着山、林、洞、瀑的梦幻组合。

链接 群芳谷"三谜"

贵州号称中国的中草药王国，有全国80%以上的中草药品种，而在群芳谷却集中了大部分的中草药品种，这是第一个谜；"水分二色"是群芳谷的另一个"谜"，谷内在长久干旱不下雨或者由雨转晴后，池塘中的水自然分为截然不同的两部分，一边清一边浊；最后一个"谜"是谷半山腰中的"万家洞"，洞内石壁上刻有春秋时期的壁画"壮士八段锦"养生练功图，非常罕见。

❺ 漩塘

从龙宫主景区经过长2000米的狭长山谷之后，就到了漩塘景区。漩塘位于马鞍山与观音洞之间，是全国罕见的景观。漩塘直径为101米，面积有8012平方米，让人惊奇的是，在没有风的情况下，

龙宫风景区示意图

漍塘里的水日夜不停地按顺时针方向旋转，水面上的浮萍随着池水转动，到这里来游览的游客无不为之称奇。

漍塘里的水不断旋转是有科学根据的，因为池水沿圆塘切线方向流入，一直到达43米的池底，同时又有天然漏斗使水潜入暗河，所以就形成了漍塘顺时针旋转的奇观。更加令人惊奇的是，天然漏斗会随水量大小自行调整潜水量，水来得大，就潜得快，来得小，就潜得慢，所以漍塘水面总是保持着大致相同的水位。

⑥ 观音洞

观音洞位于漍塘河边佛手山的山腰上，洞外垂直的峭壁上刻着"观音洞"三个大字，每字16平方米，这是由原中国佛教协会会长赵朴初题写的。观音洞是两个一上一下互相连接的天然洞穴，是西南地区最大的洞中佛堂。下洞为大雄宝殿，有如来佛、药师佛、阿弥陀佛及十八罗汉；上洞有高12.6米的观音像，这是中国最大的洞中观音像。这里的天然溶洞寺院可谓罕见，其规模居全国之首。

⑦ 龙字田

在漍塘景区通漍河左岸的田地里，可以看到天下第一"龙"字。这里便是龙字田。

这个龙字是用植物"写"成的。龙字田采用两种农作物套种，按季节区分，春季用的是油菜花和蚕豆组合种成，秋季用普通的水稻和黑糯米水稻组合种成。"龙"字拓自唐代书法家怀素的草书书法，占地面积8万多平方米，是世界最大的单体汉字，宛如一条活灵活现的巨龙从山林间呼啸而出，非常震撼人心。龙字田绝美龙字画卷已成为贵州标志性景点之一。

攻略

住宿 驴友力荐的住宿地

龙宫风景区开发得比较完善，住宿条件也相对比较好，而且价格也不是很高。如景区内的上善酒店，各项设备都很齐全，停车也免费。腾龙布依客栈是一家经营了几年的老旅店，这里客房整洁，饭菜可口。

美食 饕餮一族新发现

在龙宫风景区，可以品尝到当地原汁原味的腊肉、土鸡、龙宫鱼、农家饭等，还可以吃到芥凉粉、肠旺面、油炸鸡蛋糕等贵州特色美食。买些镇宁波波糖、安酒、平坝酒等也是一种不错的选择。

行程推荐 智慧旅行赛导游

龙宫风景区一日游：龙门飞瀑—天池—龙宫—群芳谷—观音洞—漩塘—天下第一龙字。你既可从中心景区先游览，然后乘船游一、二进龙宫，之后游览漩塘；也可逆着线路游览，先游览漩塘之后再游中心景区。龙宫中心景区到漩塘景区（龙字田、漩塘、观音洞、群芳谷）步行需要两个小时，也可以乘坐面包车。

黄果树风景区

世界上最大的瀑布群之一

微印象

@westlife伟伟 黄果树瀑布像一条白素从60多米高的峭崖上洒泻而下，在灿烂的阳光下光洁耀眼，确有"素影空中飘匹练，寒声天上落银河"之壮观。

@阿滋猫 看到黄果树瀑布之后，有一种惊心动魄的感觉，震耳欲聋的吼声从四面八方汹涌而来，我就这样痴痴地望着它，目不转睛，水飘洒了一身。

@方法 我想，黄果树瀑布最奇特的地方也许就是水帘洞了，从瀑布里可以向外欣赏瀑布，国内没有哪个瀑布可以这样壮观。

门票和开放时间

门票：旺季180元（含大瀑布景区、天星桥景区、陡坡塘景区），淡季160元，黄果树奇石馆70元，黄果树漂流160元，神龙洞70元。开放时间：7:00~19:00。

最佳旅游时间

7、8月份，此时瀑布的水量丰富，气势磅礴。

进入景区交通

位置：安顺市镇宁布依族苗族自治县，距安顺市45千米，距贵阳市128千米。

交通：

1.从贵阳出发：贵阳金阳汽车总站上午有发往黄果树瀑布的专线车，2.5小时左右可达；贵阳长途汽车站还有黄果树瀑布一日游的巴士，7:00~10:00，每半小时一班车。

2.从安顺出发：在安顺汽车南站可乘坐前往黄果树的客车，20分钟一班，约1小时可达；另外，在安顺汽车西站和火车站广场也有去往黄果树的专线车。

景点星级

美丽★★★★★　特色★★★★★　休闲★★★　刺激★★★★　浪漫★★★★　人文★★★

黄果树风景区以黄果树瀑布景区为核心景区，同时分布着天星桥景区、滴水滩瀑布景区、神龙洞景区、陡坡塘景区、郎宫景区等独立景区。

黄果树瀑布是贵州省的名片，也是国家5A级旅游景区，中国第一大瀑布。黄果树瀑布群由18个大小不同的瀑布组成，形成一个庞大的瀑布群。黄果树瀑布是世界上唯一可以从上、下、前、后、左、右六个方位观赏的瀑布，也是世界上有自然贯通的水帘洞且能从洞内外听、观、摸的瀑布。

链接　黄果树瀑布的成因

关于黄果树大瀑布的成因，一直以来都是"仁者见仁，智者见智"，没有一个让所有人信服的说法。一般认为瀑布形成的原因有：一是河床冲刷，流水不停地冲刷河床，河床里的硬性岩石留下来，软性岩石被冲蚀，最后造成河床地形高低不同形成陡崖；二是地质抬升，地质抬升运动造成河床断裂，形成巨大落差，河流经过这里形成了瀑布。

❶ 陡坡塘景区

陡坡塘瀑布位于黄果树瀑布上游 1000 米的地方，瀑顶宽 105 米，高 21 米，是整个黄果树瀑布群中瀑顶最宽的瀑布。这个瀑布顶上是一个 1.5 万平方米的巨大溶潭，瀑布形成在 100 多米长的钙化滩坝上。每当洪水到来之前，陡坡塘瀑布都会发出"轰隆、轰隆"的吼声，也是因为这个原因，陡坡塘瀑布又叫"吼瀑"。

点赞　👍 @小小鸟 陡坡塘瀑布的确是很有名，它也是 20 世纪 80 年代古典名著《西游记》电视剧中唐僧师徒四人牵马过河场景的拍摄地。

❷ 天星桥景区

天星桥景区位于黄果树大瀑布景区下游 6000 米处。天星桥景区由天然盆景区、天星洞景区和水上石林区组成。这里汇集了喀斯特地貌的精华，集山、水、林、洞、根、藤、石、瀑于一身，非常值得游览。

天然盆景区长约 800 米，这里有形状不一的天然山石及水石盆景。一条小道穿行于石壁、石壕、石缝中，沿小道游览，既可以领略山水之美，还可以品味石林之奇。天星湖又被称为"高老庄"，因

小贴士

从陡坡塘景区步行到天星桥景区的时间比较长，建议乘坐景区的小轿车，10 分钟左右可达天星桥景区。

游览黄果树景区一定要走全程，因为好看的美景都在后半程，如天星洞、天生桥、银链坠潭瀑布、水上石林等。

至贵阳

二道沟瀑布

蜡染之乡石头寨

5 神龙洞

4 黄果树
奇石馆

游客中心

陡坡塘瀑布 **1**

陡塘瀑景区

公路 黄果

白

老龙箐
碑林公园

六角亭
入口处

水帘洞入口 黄果树大瀑布

观瀑台 **3**

入口处

民族风情
表演场

黄果树
宾馆

索桥

紫藤苑 **大瀑布景区** 缆车下站 螺丝滩瀑布

水

盆景园

滇

缆车上站

滑石硝民族村

景区入口处

美女榕

天星桥景区 天星湖

咨询处

2 天星悬桥 天星洞

黔 冒水潭 银链坠潭瀑布

望星阁 水上石林

索道上站

公 飞瀑石桥
星峡飞瀑

索道上站

打

红岩天书

漂流

坝
陵

河 滴水潭瀑布

公
路

至昆明 郎宫

黄果树风景区示意图

为这是电视剧《西游记》中"高老庄"猪八戒背媳妇的取景地。水上石林区的石林间长着大片的仙人掌和小灌木,终年都有绿荫。石上流水,水上有石,石上有石,石上又有树。银链坠潭瀑布位于水上石林区的左边,这个瀑布虽然只有 10 米多高,但却以千丝万缕的情态和如泣如诉的瀑声为人所喜爱,让人不忍离开。

3 黄果树大瀑布

黄果树大瀑布是黄果树景区最精华的部分,以其雄奇壮阔的大瀑布、连环密布的瀑布群而闻名于中海外。大瀑布高 77.8 米,主瀑宽 83.3 米,是中国第一大瀑布,属喀斯特地貌中的侵蚀裂典型瀑布。

在瀑布前的一个观景台上，大瀑布的雄浑气势展现无遗，阵阵水雾也会扑面而来。你可以尽情地拍黄果树大瀑布的壮美风景，不过因为人比较多，想拍到"干净"的"瀑布独照"不是很容易。慢慢地往前移动，就到了水帘洞，这里位于大瀑布 40~47 米的高度上，堪称一绝。

水帘洞全长 134 米，由 6 洞窗、5 洞厅、3 洞泉、6 通道组成。进入水帘洞，向外望去，瀑布在面前倾泻而下，让人震撼。瀑窗水挂珠帘，伸手可及；继续往前走，就到了瀑底，这里叫作跌水潭，也是拍瀑布的好位置；再走，过索桥后右转，可以到达瀑布的正面去留影。

攻略

1. 游览黄果树瀑布最好带把伞，否则会被水淋透。或者也可以在景区买一件一次性雨衣。

2. 拍照一定要下到跌水潭边，这里的景色、视角、取光最理想。想拍摄瀑布全景的话，在观瀑亭最好；想拍摄彩虹，"水帘洞"三字石牌旁是最佳的取景点。在望水亭可以从高的地方往下看黄果树瀑布飞流直下的风姿。

3. 黄果树漂流是黄果树风景区最经典与刺激的参与性项目，它在黄果树大瀑布下游 6000 米的地方。漂流的起点是天星桥景区星峡飞瀑，终点是郎宫景区，全程约 6000 米，水位落差 30 多米。漂流途中，沿线的山峰有上千米，还经常会看到山顶下雨、山下阳光的奇妙景象。

❹ 黄果树奇石馆

黄果树奇石馆是一个集地理、地质、科普教育、中国传统美学、传统石文化于一体的文化旅游体验项目，堪称一部贵州地质演进史的活教材。这里共分为远古沧桑馆、雅韵天成馆、梦幻晶花馆三大部分，所收藏的古生物化石十多个属，40 余种近百块。其中有典型的关岭创孔贵州海百合、胡氏贵州龙、关岭鱼龙、楯齿龙、盘县混鱼龙等；还有盘江、乌江、红水河等水系及全省各地各类奇石 500 余件，贵州省及全国各地矿物晶体石 300 余件，还收藏有武陵石、灵璧石、大化石、黄蜡石等一批国内知名石种进行全方位展示。

❺ 神龙洞

神龙洞位于黄果树大瀑布上游 3000 米处，在白水镇西边，已探明的洞底面积约 38 万平方米，全长 4640 米，平均高度 21 米，现开放游道 1600 米，游程约 70 分钟，底层暗河与黄果树大瀑布相连。

神龙洞洞内厅厅相连，溶洞纵横交错，各类溶洞景观层出不穷，洞内分为上、中、下三层，底层暗河与黄果树大神龙洞风光瀑布相连。神龙洞曾经作为军事要塞，军事设施至今尚有保存，被当地人尊为"神洞"。

攻略

景区交通 游遍景区不犯愁

❶ **环保车**：因为黄果树风景区比较大，陡坡塘景区、天星桥景区与黄果树大瀑布三个景点之间距离较远，差不多13千米，徒步时间较长，建议坐车游览。车有两类，一类是景区电瓶车，50元/人；另一类是景区内出租车，也是50元/人。

❷ **自动扶梯**：你可从景区入口处乘自动扶梯直达大瀑布下游，再往前走一两分钟，就可观赏大瀑布了，扶梯单程30元/人，来回50元/人。

❸ **索道**：在天星湖景区出口可以坐索道，10元/人。当然，你也可以步行到景区出口，大约15分钟。

食宿 饕餮一族新发现

黄果树周边的住宿比较方便，一般游客会回安顺市住宿。如果时间比较晚了，你也可以住在黄果树景区里面，黄果树宾馆是较为高档的住宿地，酒店内就有进入大瀑布的通道，房间内可观看瀑布。盛安酒店的价位十分亲民，且距离黄果树瀑布只有10分钟的路程。

黄果树大瀑布峡谷崖顶有一条小吃街，可以在这里品尝各种当地小吃。美食主要有：黔西茶食、肠旺面、苞谷粑、安顺丝娃娃等。

购物 又玩又买嗨翻天

黄果树风景区内有一些民族商店和集市，具有民族风情的特产颇受游客欢迎。蜡染、银饰、竹雕、地戏面具、刺绣等都是不错的旅游纪念品。你也可以在这里买到其他贵州当地的特产，比如国酒茅台、董酒、玉屏箫笛、六方漆器等。

行程推荐 智慧旅行赛导游

黄果树风景区一日游：陡坡塘景区—天星桥景区—黄果树大瀑布—黄果树漂流。时间充足、体力好的游客，完全可以一路步行，沿途的风光之美是坐环保车所不能体会的。如果是在夏、秋季节，还可以进行黄果树漂流，非常刺激。

特别提示

❶ 黄果树风景区内的昼夜温差非常大，即使是在夏天，傍晚的时候也非常冷，带上厚点的衣服也是很有必要的。

❷ 黄果树大瀑布风景很震撼，但是一般的卡片相机是拍不出"飞流直下三千尺"的唯美照片的，建议带单反相机，多带几种镜头，必要的时候带上三脚架。

❸ 如果你打算进行黄果树漂流的话，一定记得多带几套衣服。漂流的过程中衣服会被打湿，带上换洗的衣服以防感冒。

换一个角度看黄果树瀑布，没有喧闹的人群，
仙气满满。

格凸河风景区

世上罕见的喀斯特自然公园

微印象

@兔点莉 格凸河是一个美丽而神秘的地方，有悬棺、蜘蛛人、穿云洞、变色湖，也有幽深的峡谷。当看到那满湖清凉的绿时，心都醉了。

@波希米亚人 在这里有一种回归自然的感觉，那种远离城市喧嚣与浮华的宁静，让人的心顿时安静下来。

门票和开放时间

门票：60元，通票180元。

开放时间：8:00~18:00。

最佳旅游时间

6~8月。此时坐船游览既不冷也不热，绿树、青山非常美。

进入景区交通

位置：安顺市紫云苗族布依族自治县境内，距安顺市76千米。

交通：安顺客运东站有到紫云的车，车程约2.5小时；到紫云车站后有直接到格凸河风景区的车，车程1小时左右。

景点星级

美丽★★★★　刺激★★★★　特色★★★★★　休闲★★★　浪漫★★★　人文★★

格凸河风景名胜区是世界自然遗产，总面积有56.8平方千米，集岩溶、山、水、洞、石、林于一身，是一座比较罕见的喀斯特自然公园。

这里既有举世无双的大穿洞绝景——燕王宫，也有民族文化之景——悬棺洞葬；有巨大幽深、气势恢宏的世界第二大洞厅——苗厅，也有壮丽秀美的星星峡谷；有世界最高的古河道遗迹——穿上洞和盲谷，也有国内最深的竖井——通天洞；既有人类最后的穴居部落——中洞苗寨，又有浓郁的民族风情。

格凸河风景区包括大穿洞景区、大河景区、小穿洞景区、妖岩景区等很多个独立的景区。

❶ 大穿洞景区

大穿洞景区包括燕子洞、穿上洞、盲谷与通天洞四个部分。燕子洞在格凸河的末端，也是非常重要的游览好去处，以雄、奇、险、峻著称。燕子洞又名"燕王宫"，是世界上最大的溶洞。燕子洞长约12千米，游客可以乘船穿过高116米、宽25米的拱门进洞游览，洞壁陡峭，有成千上万只燕子飞行其间。早上六七点的时候，可以看见燕子倾巢而出的壮观景象。

乘船继续往燕子洞深处走，就能看到光线从天窗上洒下来，在有点昏暗的洞中显得格外耀眼，这就是通天洞。在燕子洞左上方是穿上洞，这是一段古地下河的遗址，洞的坡面上植被郁郁葱葱，长满了各种植物。走过方竹林，就来到了盲谷，这是一个条形凹地，长约1千米，由早期地下河顶板崩塌后形成的。盲谷四壁是三四百米高的绝壁，可通过20米高的竖井洞进入。

攻略

游客可以步行从燕子洞旁边的山路往山顶走，这里风景极美，也可以在这里俯瞰格凸河，欣赏壮美的山河风景；方竹林里有许多竹子，这些竹子乍一眼看上去是圆形的，但事实上它们是方形的，用手一摸就能感觉得到，很奇特。

点赞 👍 @三个火枪手 在燕子洞中，我亲眼看到了"蜘蛛人"徒手攀岩，在100多米高、几乎与河面垂直的洞内崖壁上，他们却像走平路一般，12分钟就能爬到崖顶，实在让人震撼。

❷ 大河景区

　　大河景区包括天星洞、夹山、大河苗寨和天赐湖，其中天星洞是最受游客欢迎的旅游景点。天星洞位于格凸河的最上方，高约110米，宽40米。洞口是长方形的，洞的内壁上有石幔，游客可以乘船进到洞中约200米。洞内的岩溶风貌与外面的绿色植物互相映衬，景色迷人。

　　天星洞入口左边附近旱洞中有悬棺，也就是当地苗族人的墓地。悬棺洞内有3层每个高约2米的自然台阶，悬棺自上而下放置，共有104口，其中有40余口保存基本完好。

　　大河苗寨的自然环境得天独厚，周围有群山环绕，村前有格凸河，中间有良田。看到眼前的风景，很容易让人想起陶渊明笔下的桃花源。在这里，一定要看一下苗寨背后的"苗王剑"，此处的苗王剑可不是真剑，而是峰丛里突兀而起的奇峰，远观如一支宝剑直指天穹，当地人也把它看作"镇宅之宝"。

链接　天星洞的悬棺

　　1. 在格凸河，现在已经不再有悬棺这样的安葬方式。相传很早以前，因为战争，这里苗族人的祖先从长江中下游一带败退，来到了格凸河畔。他们的祖辈为告诫后人要落叶归根，打回老家，收复失地，所以他们死后并不入土，而是由后辈把尸体高悬于阴凉、凌空的岩洞、绝壁处先存放着，最后好"落叶归根"。悬棺的好处是：一能防追兵破坏，二能防止野兽侵袭，三能长久存放。

　　2. 大河苗寨里有个表演队，演员也大都是寨子里挑出来的青年男女。一般游客来到这里都会看他们的歌舞和上刀山表演。

格凸河穿洞示意图

❸ 小穿洞景区

小穿洞景区最有名的景点是中洞苗寨。逆格凸河而上，就到了伏流出口处的小穿洞。伏流出口上方有上、中、下三个溶洞，中洞苗寨就在高高的中洞。要到达中洞必须爬山穿过下洞，经过两个多小时后，一个高50米、宽115米的大洞就会呈现在眼前。洞口有三间无顶的砖砌房间以及洞中学校。学校里还有一个小操场、篮球架与升起的国旗。这里还有几十座没有屋顶的干栏式木柱竹楼，人们就在这里过着与世隔绝的生活。

攻略

走进中洞人家，热情好客的苗族人会送上自己酿造的苞谷酒。接过来，如果你喝得躺倒了，主人就会很有面子。喝过酒后，可以在他们家中四处逛悠，看他们纺纱织布、养鸡养鸭，回归最真实的田园生活。

点赞 👍 @看我72变 我们当时是三四月间去的，正赶上油菜花开。黄灿灿的一大片，衬着苗家吊脚楼和清秀的山，真是人间仙境啊。

❹ 妖岩景区

妖岩景区是指从下岜易村到妖岩寨这一部分，全长大约5000米。这一段河道两侧是陡壁，植被茂盛，水流急缓相间，是漂流的好去处。

妖岩寨在岜易河谷下游，村寨中有苗族的特色风格建筑——吊脚楼，不远处的地方还建有储粮圆仓，圆仓和吊脚楼也是苗族建筑不可缺少的风景线。

星星峡长约3000米，是一条两岸对峙的峡谷。谷中清溪石洞，曲折蜿蜒，岸边藤蔓叠翠，呈现出峡谷套嶂谷的独特景观。

攻略

拍摄苗寨的吊脚楼最好抓早晚日出日落的时候拍，这时候调子比较柔和。拍摄吊脚楼最佳地点是在吊脚楼对面，选择侧光拍摄。也可以使用手动白平衡，让楼显得红一些，但是同时也要注意，使用这种方法周围天空的颜色也会跟着变暖。

景区交通 游遍景区不犯愁

　　游览格凸河景区需要乘船游览。游客可以在景区门口购买车票和船票，50元/人。有些溶洞不能乘船，需要徒步游览。

住宿 驴友力荐的住宿地

　　格凸河景区附近有很多农家乐，如格凸民间饭庄、苗家VI农家乐、蜘蛛人饭庄、紫霞山庄等。

　　当然，也可以回到紫云县住宿，紫云宾馆位于紫云县商业街，干净实惠。也可以选择鑫湾酒店，性价比极高。

美食 饕餮一族新发现

　　格凸河风景区有名的小吃有安顺牛肉粉、五彩珍珠汤、刺猬包、包谷粑、安顺破酥包、碗耳糕、南瓜包、红油脆哨糯米饭、梅花香芋、荞凉粉、油炸粑稀饭、碎肉豆沙粑、酸菜粑、卷粉裹裹、锅渣等。

　　也可以尝尝当地的农家菜，黑山羊火锅是非常美味的菜品。尤其是这里所选用的肉畜都是农家自己养的，口感与平时在城市里吃到的截然不同。

行程推荐 智慧旅行赛导游

　　格凸河一日游：天星洞—燕子洞—大河苗寨—变色湖—洞中苗寨。

　　首先乘船游览格凸河，游览天星洞、燕子洞，欣赏数万只燕子飞出的壮美景象。然后去大河苗寨，欣赏苗家民族风情表演。最后乘车前往世界仅存的居住在洞穴里的民族——洞中苗寨，体验最原始却最淳朴的生活。

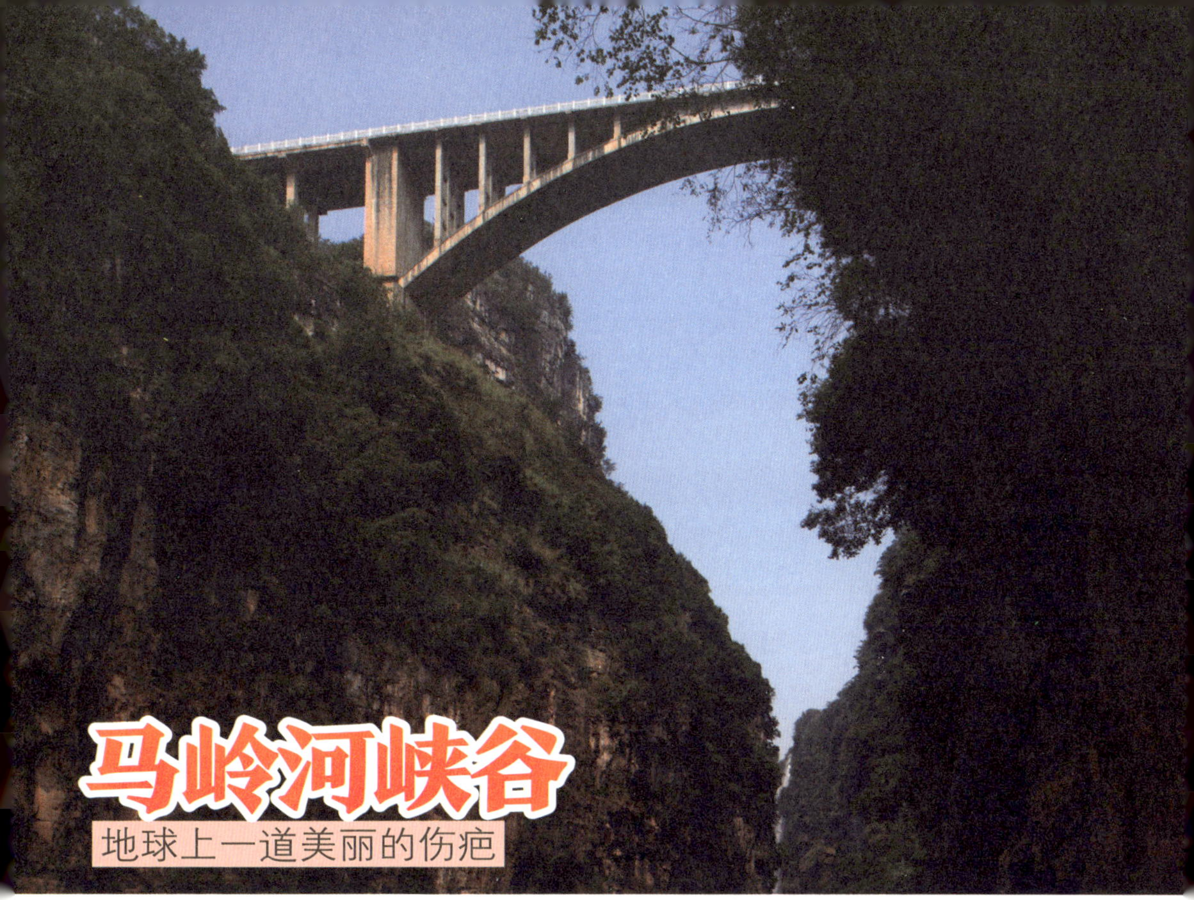

马岭河峡谷

地球上一道美丽的伤疤

微印象

@红袖 从没见过这么优美的疤痕，从没见过这么壮美的缺陷！

@第一帅哥 马岭河大峡谷就是一个世外桃源，风景美得让人窒息。夏天的时候来玩漂流，是最赏心悦目之事，是探幽寻胜之举。

@AudiQ5 马岭河大峡谷两边峭壁上的植被很丰富，很壮观，印象最深的是有一块地方的植被长得像灵芝一样，很神奇。整个景区就是天然氧吧，给自己的肺来次自由呼吸吧！

门票和开放时间

门票：旺季80元，淡季60元，峡谷漂流上游138元，中游、下游漂流都是168元。

开放时间：7:30~18:30。

最佳旅游时间

6~10月。此时的大峡谷最适合漂流，水量大，漂流起来很刺激，周围一片绿色，让人陶醉。

进入景区交通

位置：兴义市东北6千米处。

交通：从贵阳出发，可选择飞机或汽车前往兴义，到兴义后打车前往景区。

景点星级

刺激★★★★★　美丽★★★★　休闲★★★★　特色★★★　浪漫★★★　人文★★★

马岭河大峡谷雄奇险峻，幽美壮丽，是一条在造山运动中形成的大裂水地缝，以群瀑、碳酸钙壁而闻名，被称为"地球上一道美丽的伤疤"。

马岭河大峡谷长74.8千米，宽度和深度都在200~400米之间，最窄处仅50米，而最深处达500米，由上往下看这里是一道地缝，由下往上看则又是一线天沟。这样的风景，在中国其他地方也很罕见。峡谷中的瀑布气势磅礴，锥峰密集。在两岸的峰林之中，还有古庙、古战场、古驿道、古桥等人文景观，充满了古野与神秘。马岭河峡谷可以分为车榔温泉、五彩长廊、天星画廊、赵家渡景区四个部分。

攻略

在马岭河，既可以观景，又可进入谷底漂流。漂流区长47.8千米，其中峡谷中景观最丰富的一段落差高达200多米，惊险刺激。不过，这里两岸经常会有一些小石头往下掉，享受这样的漂流还是需要一定胆量的。

瀑布竞流区

天星画廊 ③

天池

休息平台

大白岩观景亭

海狮桥

至贵阳

地漏

灵芝台

景区出入口

峡谷大桥

海狮厅

休息平台

休息平台

G324

休息平台

至兴义

奇石园 ②

雨洒芭蕉

江心岛铁索桥

五彩长廊

景区出入口

休息平台

江心岛漂流码头

景区管理处

马岭河峡谷示意图

① 车榔温泉

　　车榔在马岭河的上游，是一个布依族古山寨，也是一个完全保留自然风貌的旅游区。车榔以温泉出名，河谷两岸各有一温泉：姑娘泉与儿子泉，水温 38℃～40℃。古往今来，布依族男女对河而浴，享受着大自然的恩赐。顺温泉往下，车榔河流从一座溶洞中穿过，可同时通兴义、兴仁、普安三县，这种奇观被人称之为"一洞通三县"。

小贴士

　　泡温泉的时候，要注意以下事项：饿了的时候，不能直接泡温泉，否则会有头晕与恶心的感觉；坐车很久之后，很多人或许想好好地泡个温泉，其实这是不科学的，要休息1~2小时之后看身体恢复情况再泡；泡温泉的时间不能太长，否则会感到呼吸困难，对身体伤害很大；另外，有心脏病、白血病的人也不适合泡温泉。

② 五彩长廊

　　五彩长廊是指龙荫至马岭镇的峡谷段，共20千米。之所以称为"五彩长廊"有以下几个原因：峡谷内有三条清泉，水围绕着山转，山也因为有水而变得活跃起来，为"一彩"；马保树龙头山溶洞有高水头瀑布，雨过天晴之后，瀑布银珠与彩虹相交相呼应，这是"二彩"；五彩长廊内不仅有清澈的泉水，而且水中还有各种水族动物，生态系统完善，生机无限，此为"三彩"；长廊内的野花众多，奇草茂盛，微风拂过，甚是迷人，此为"四彩"；长廊内有猪场河、木榔河，两条河被称为峡谷"瑶池"，相互映衬，此为第"五彩"。

❸ 天星画廊

　　天星画廊是马岭河峡谷景区最精华的部分，长仅 1.7 千米，以大规模的瀑布群和岩页壁挂为主要景观特色，从上到下有彩岩峡、三古峡、天赐石窟、彩水河、古驿道、霞光浴场、画中游、天星桥等自然景观。

　　天星画廊有万马咆哮瀑、珍珠瀑、面纱瀑等 13 条瀑布，这些瀑布大多高 120~200 米，宽 20~110 米，说是"飞流直下三千尺"也不为过。当阳光照射过来之后，瀑布折射出五颜六色，非常壮观。地缝嶂谷两壁还孕育出千姿百态、错落有致的碳酸钙悬岩堆积而成的岩石瀑布，钟乳石、石笋、石柱等景物构成了一座座"琼楼玉宇"。

> **点赞**　👍 @ 美丽心情 走在蜿蜒曲折的谷中小径上，沿途风景非常美，空气也很清新，感觉很惬意。峭壁上还有千奇百怪的钟乳石，形色各异，有的像动物，有的像植物，都那么栩栩如生。河岸下边还有潺潺的溪水，水石交融。真想大声呼喊一声：我喜欢这里。

点赞 👍 @**云云好运** 天星画廊简直就是一幅幅立体壁画，这些壁画有的像孔雀开屏，有的像双龙戏珠，还有的像羊群、鱼鳞，惟妙惟肖，令人惊叹。还有一些如万道霞光、千匹锦缎，美不胜言，令人迷醉。

4 赵家渡景区

赵家渡景区在天星画廊下游 22 千米的地方，这里依山傍水，风景优美。赵家渡最主要的景点是情人谷，它是一条陡峭险峻的峡谷，两旁的林木郁郁葱葱。当阳光照射在谷旁的瀑布上时，让人感觉清凉而又美丽。情人谷中承载着人们对美好爱情的向往，是情人表达爱意、宣誓美好爱情的见证地。

攻 略

食宿　饕餮一族新发现

马岭河大峡谷就有可以住宿的旅店，如惜缘别苑就不错，这里具有独特的园林式风格，现代化中式设计，还能品尝到独特的苗家民族特色美食，欣赏民族篝火晚会、大型民族歌舞表演等。兴义市区也有很多选择，如位于兴义市桔山新区瑞金南路60号的金州翠湖宾馆。

兴义市内风味小吃比较多，著名的有舒记杠子面、邹记鸡肉汤圆、刷把头、邱氏蛋糕等。

购物　又玩又买嗨翻天

在兴义市，游客可以购买一些黑木耳、兴义大红袍、海子梨、兴义二块粑、贵州醇等带回去。兴义大红袍是一种优质红橘，大如茶杯，皮薄而味香甜，营养丰富，品质上乘。兴义海子梨原称雪梨，个大，一般一个半斤重，大的重达一斤二两；皮薄、甜香、味浓、清脆、肉质细嫩、雪白、籽少。兴义二块粑是糯米特色食品，爽口有弹性，跟火腿一起炒，香而不腻。可以去兴义商城买土特产，位置：瑞金北路1号。

行程推荐　智慧旅行赛导游

马岭河一日游：从兴义乘中巴前往马岭河天星画廊景区，从景区内的游船码头乘船漂流，大约3.5小时之后到赵家渡大桥上岸。或者也可以在马岭河峡谷徒步游览，沿着山间小道，欣赏着周围的美景，呼吸着新鲜的空气，非常享受。

万峰林

中国最美的五大峰林之一

微印象

@甜蜜宝拉 万峰林有2万多座山，最美的部分是在上、中、下纳灰这3个布依族村庄里。9月份的时候来到这里，稻子黄了，你还可以很清楚地看到万峰林最有名的八卦田。

@给我一颗星 当我看到它的时候真的很震撼，这里的地貌不同于桂林的喀斯特地貌，万峰林是锥状的山体，气势磅礴。

@Elaine_kun 万峰林不仅有很美的田园风光，民风也很淳朴，绝对是个放松身心的好地方。

门票和开放时间

门票：淡季60元，旺季70元。观峰道游览观光车50元。

开放时间：7:30~18:30。

最佳旅游时间

万峰林最佳旅游时间在3~4月份及9月份，3~4月油菜花开，这时候前往可以看到一片金黄，是拍照取景的好季节。等到9月份稻子黄了的时候，可以看到著名的八卦田，场景绝对震撼。

进入景区交通

位置：兴义市下五屯镇。

交通：兴义旅游专线1路、301路公交车可到万峰林景区徐霞客广场，此处为南门入口处。

景点星级

美丽★★★★　休闲★★★★　特色★★★★　浪漫★★★　人文★★　刺激★★

万峰林是国内最大、最典型的喀斯特峰林，有2万多座奇特的山峰，堪称中国锥状喀斯特博物馆，被誉为"天下奇观"。万峰林在《中国国家地理》"选美中国"活动中还被评选为"中国最美的五大峰林"第三名。这一大片峰林，从七捧高原边沿和万峰湖北岸与黄泥河东岸像一把扇子的形状展开，一直绵延到安龙、贞丰等地。峰林间河流、湖泊、溶洞、林木与奇花异草交相辉映，美得好像一幅天然画卷。

万峰林分为东峰林和西峰林两大景区，对外开放的主要是西峰林。根据峰林的类型，可分为列阵峰林、宝剑峰林、群龙峰林、罗汉峰林、叠帽峰林。一座座壮美的山峦，一片片碧绿的田野，一道道弯曲的河流，一座座古朴的村寨，构成了大自然中最佳的生态环境。

万峰林主要景点有将军峰、众星捧月、铜鼓广场、八卦田、阳光盆景园、布依族村寨等。

① 将军峰—众星捧月

乘坐电瓶车，第一个非常值得一看的景点就是将军峰。将军峰其实是一座岩溶孤峰，酷似人形。它就像一位将军带领着整个队伍往前走。更为奇特的是，这座山峰的两侧还各有一座奇异的小山峰。左侧的就像是一只骆驼，它半跪着面向游客，像是在欢迎远道而来的客人，又像是在守卫着将军。将军峰右侧的山峰像一只抬头望天的金龟。这片峰林属于列阵峰林，是万峰林中最为密集、最为奇特的一部分。

众星捧月是指众多山峰环绕着一座孤峰，远远看去就像一个峰林盆景，浩然大气又不失精致小巧，让人怦然心动，这是万峰林中最经典的风景之一。众星捧月只适合远观，只有站得高了，才能看到全局。只拍几张照，都能感受到它的魅力。

攻略

到了万峰林，可以徒步，也可以乘坐电瓶车顺着盘山公路前往。电瓶车会在几个观景台停下来，让游客有仔细赏景、拍照的时间。这一段的路程很长，观景大道就有7千米，在柏油路上徒步的话，如果体力不好，也许会坚持不下来，同时也会感觉很枯燥。

② 铜鼓广场

铜鼓广场是根据铜鼓的鼓面建造成的。这种铜鼓是布依族的一种古老乐器，中心有布依族的图腾——火神，这是一个红色十二角星的图案。广场旁边还有一条纳灰河在静静地流淌，上面的桥将铜鼓广场与农田连接起来。

攻略

每逢节日的时候，还会有当地居民聚在铜鼓广场表演，儿童有时候也会在这里排练节目。

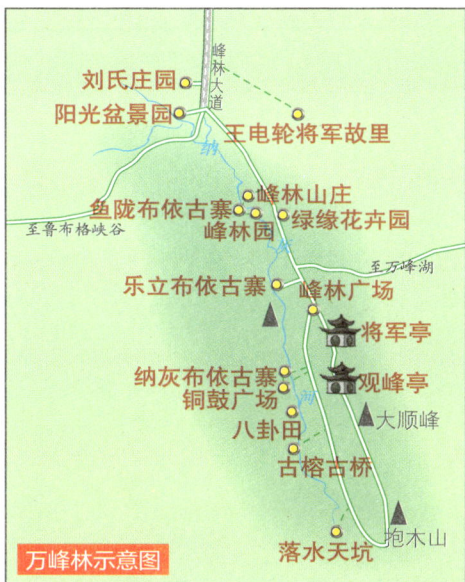
万峰林示意图

刘氏庄园
阳光盆景园
王电轮将军故里
峰林大道
至鲁布格峡谷
鱼陇布依古寨
峰林山庄
绿缘花卉园
峰林园
至万峰湖
乐立布依古寨
峰林广场
将军亭
纳灰布依古寨
铜鼓广场
观峰亭
大顺峰
八卦田
古榕古桥
落水天坑
抱木山

❸ 八卦田

八卦田是万峰林的一个标志性景点。八卦田呈碟形漏斗，因地下暗河的局部坍塌和地表水的溶浸作用而形成。此后村民们就以中间的漏斗为同心圆耕种，根据地形垒起了田埂，这样就变成了一圈一圈的奇妙无比的图案，从高处往下看，很像中国的八卦图。

❹ 纳灰布依古寨

如果你有兴趣，可以沿着半山腰的观景公路走一段，这段路也比较好走。下了山，顺着田间的小路，来到布依族村寨：纳灰下寨。这是一个历史悠久的古寨，坐落在美丽的峰林中央，寨内山清水秀，田园风光极好。这里的农舍都是用石头砌成的，保留着传统的民族风格，很有特色。

链接 布依族的习俗

贵州是现今布依族的主要聚居地，他们以农业为主，种植水稻的历史比较长。人们悠闲的时候一天只吃两顿饭，只有在农忙的时候才吃三顿。冷菜、青苔冻肉、拌豌豆凉粉等是布依族人喜欢的食品。他们的民居多为干栏式楼房或半边楼式的石板房；他们的房屋冬暖夏凉，既防潮又防火，唯一不足的地方是采光较差。

攻略

喜欢拍照的驴友千万不要放过这里，用心拍，能拍出大作。晚上也可以住在这里，虽然环境不是很好，但是却能真实地体验乡间风情。

❺ 阳光盆景园

阳光盆景园是一座绿荫葱翠的盆景园，被纳灰河环绕着。它建于 1995 年，集人文景观、自然景观及独特民族风情于一体。园内不仅有造型独特、品位高雅的奇花异树，还有别墅、长廊、游泳池、餐厅等配套设施。等到春季花开时节，来这里游览最佳。阳光盆景园有桂花林、紫薇林、榕树林。夏季，紫薇树绽放出艳艳红花，娇媚之态尽在眼前；到了秋季，桂花树又散发出幽幽清香；而古老的榕树则以片片绿叶伴随着四季，让人感叹上帝的匠心独具。

春天的万峰林，放眼望去，满是沁人心脾的绿色。

攻 略

景区交通　游遍景区不犯愁

在这里可以乘坐观峰道游览观光车，50元/人；也可乘坐观光小火车游览，50元/人；租自行车骑行参观也不错，40元/天。

食宿　饕餮一族新发现

来万峰林游览的游客，可以选择住在景区，体验农家风情。万峰林景区内有乡村客栈，这些客栈大多是近年来才兴建起来的，住宿条件比较好。景区内的阳光盆景园有标准间提供，条件也可以。

万峰林的美食有刷把头、布依族糍粑等。刷把头又名石榴卷，以面粉、竹笋、瘦肉、鸡蛋为主要材料，边口为白色，面皮香软，馅料鲜美。布依族糍粑是过年的必需品，它以糯米为主要原料，经过浸泡、蒸煮、捶打等工序后制成，口感软糯，味道香甜。

行程推荐　智慧旅行赛导游

万峰林一日游：将军峰—众星捧月—铜鼓广场—八卦田—阳光盆景园—布依族村寨。这条路是乘坐电瓶车前往游览的路线，如果步行的话，一天之内游览这些景点非常累，而且也不太现实。晚上可以住在布依族村寨，也可以乘车返回兴义市。

中国天眼景区
内有世界最大的射电望远镜

微印象

@顺遂天意 中国天眼基地位于贵州一个偏远山区里，听介绍说是在全国各地经过多年的勘察比较，结合各方面因素考虑，最后才选定了贵州这里，我们有幸到这里参观游览。中国天眼是大国重器，不能现场拍照，我们参观以后下山游览了科普基地，学习了很多天文知识，更增加了对中国天眼的了解。所以这次参观太有意义了，既受到了教育，又获得了知识，真的很感慨。

@ M33 来中国天眼科普基地参观，门票是免费的，但是需要交一个大巴的费用，千万不要觉得这个大巴费用很贵，其实会开很久，而且要经过很多不同的地形。当真正看见天眼的时候，你就会感觉到它的壮观了。

@ 翠翠 我觉得这个景点的意义更多的在于天眼本身的历史意义上。其他地方也不缺科技互动馆，不缺大好河山，但天眼这种仪器貌似全世界正在运行的只有中国这一台。如果喜欢了解历史和科技，可以去边上的南仁东纪念馆看看这个"大锅"建造背后的历史。

门票和开放时间
门票：免费。天文体验馆，50元；天象影院，40元。开放时间：8:30~18:00。

最佳旅游时间
亚热带季风性湿润气候，全年出行皆宜。

进入景区交通
位置：平塘县克度镇金科村大窝凼。

交通：在贵阳的金阳客车站有直达客车，票价为57元，每天有3班车，时间分别为9:30、14:00、15:30，全程3个多小时。

景点星级
美丽★★★★　休闲★★★★　特色★★★★★　浪漫★★★　人文★★　刺激★★

2016年9月25日，举世瞩目的中国"天眼"在平塘正式落成启用。"天眼"实为一个500米口径球面的射电望远镜，也是世界上最大的射电望远镜。专家们经过多年的实地考察，根据贵州天然的喀斯特漏斗洼地的独特地形条件，在洼地内铺设了4450块反射面单元组成的500米球冠状主动反射面。"天眼"远看就像一个巨大的锅盖，它借助天然圆形溶岩坑建造，反射镜边框长1500米，反射面总面积约25万平方米。

截至2024年5月，"天眼"已发现超900颗新脉冲星，这些发现极大地拓展了人类观察宇宙视野的极限。"天眼"还能够接收到宇宙边缘的电磁信号，搜索可能的星际通信讯号和外星生命。

景区由大射电观景台和天文体验馆（天象影院）、游客中心三部分构成。

链接

"中国天眼"是我国重大科技基础设施，是观天巨目、国之重器，是我国在前沿科学领域的一项重大原创突破。2019年，FAST探测到1例全世界仅有21例的快速射电暴。2020年8月，FAST观测到银河系一颗已知磁星发出的伽马射线爆发。2021年4月2日，贵州中国天眼科普基地"观天探地 世界唯一"——中国天眼科普基地2021年推介会在北京举行。

❶ 大射电观景台

从景区搭乘摆渡车到达大射电景区，然后登700多级台阶可到达山顶，沿途的台阶上有双鱼座、白羊座等12星座图展示。在山顶的大射电观景台，可一览"天眼"的全貌，震撼无比。游客在这里还可以了解到有关FAST的科普知识。游客在观景台上不能携带任何电子设备，以免影响"天眼"的正常工作。

链接

FAST观景台由5600吨重、1600多米长的钢结构圈梁，2225个液压促动器、总面积为25万平方米的主动反射面，1个馈源舱和6座馈源塔组成，它是我国科学家在设计上的独创性科学杰作：一是利用天然喀斯特漏斗洼地和无线电零污染的环境作为台址；二是顺洼地铺设反射面单元，组成500米球冠状主动反射面；三是采用轻型索拖动机构和并联机器人，实现望远镜接收机的高精度定位。

❷ 天文体验馆

在天文体验馆中，可以学习各种天文学知识。馆内通过文字介绍加上声、光等特效技术配合，将视觉、听觉、触觉融为一体，极具科幻感，非常生动形象地展示了天文学知识。

天文体验馆由序厅、儿童天文乐园、射电天文厅、天文科普厅、二楼展厅、活动区、天象厅、FAST体验中心等八大部分组成。具体项目有：屈原问天雕塑、浮雕墙——《人类观天简史》、中国古代天文成就、浑天仪、读日晷说时间、认识二十四节气、地心说等。

❸ 南仁东事迹馆

南仁东事迹馆是一个瞻仰南老先生生平事迹及相关物品的陈列馆。馆内分为"时代楷模 – 天眼巨匠南仁东事迹""前言""南仁东生平""中国天眼微缩模型""旧物展示""休息区""南仁东办公室""图书馆"等多项展示内容。这里通过百余张图片，八十多件实物及十余部影像资料，从梦想、创造、奋斗、团结、生命无垠五个方面展开，较为完整地展示了南仁东先生的成长足迹和先进事迹，呈现了 FAST 的建造历程和作用贡献。

❹ 天文时空塔

天文时空塔位于平塘天文小镇核心区内，时空塔一层用于接待游客，包含游客集散、纪念品商店等服务功能；二层为展厅部分，沿曲面墙壁可设置 3D 观影银幕及 VR 展厅等前沿科技展示；三层设计为露台，可观三景：第一景为可以纵览整个天文小镇的全景，第二景可以游目整个天幕商业街，第三景可以通过塔上的望远镜观望天空之境。

攻略

在夜间站在塔顶观三景是最好不过的了，可以看到天文小镇闪烁的灯光、天幕商业街幻动的光影和璀璨的星空，让人有一种置身于浩瀚宇宙中的感觉，引发我们对无限星空的美好遐想。

链接

时空塔塔高 99.999 米，象征着我国的科学家们追求的是最前沿的天文科学，以及梦想永无止境和执着奉献的崇高精神；塔基半径为 23 米，寓意着 500 米口径球面射电望远镜从 1993 年动议到 2016 年落成启用历时 23 年；塔身直径 9 米，9 与长久的"久"同音，表达我国天文事业蓬勃发展，人类探索宇宙永远奋斗不懈的精神；采用碟形塔基，寓意人类对 UFO 的定义，以及人类对未知宇宙的遐想和探索。

攻 略

景区交通 游遍景区不犯愁

摆渡车：工作时间8:30~16:15，50元/人，运行于天文小镇摆渡车乘坐点至观景台；从游客中心到瞭望台（需步行登顶），去的路程22千米，用时35分钟左右；返回15千米，用时25分钟左右。

小贴士

中国天眼景区每天16:15停发摆渡车，即游客每天16:15之后便不能前往观景台游览参观。遭遇大雾、暴雨等恶劣天气状况时，建议游客不要前往，以免影响参观和体验。此时，也可选择游览平塘国际天文体验馆。

住宿 驴友力荐的住宿地

天眼景区附近有很多价格低廉的旅店，游人到这里会有很大的选择空间，很多都是亲子类型的房屋，如平塘宇航客栈是一家经济型民宿；天眼龙华亲子民宿房间干净卫生，还提供休闲设施；平塘佳豪客栈属于家庭套房改建的家庭旅馆，比较整洁，来这里住宿的游人可以免费坐一次这家客栈的观光小火车。

美食 饕餮一族新发现

来到中国天眼景区旅游，不仅能观景，还能品尝到很多美食，如可以到景区附近的天眼第一正宗石磨豆花鱼（地址：平塘县克度镇星际家园斗宿30号）去吃一顿鱼火锅；天文小镇里还有一家平塘星辰天缘大酒店，这里的凯里酸汤鱼堪称一绝。还有星都酒楼、红阳饭店等，都是不错的选择。

第3章

贵阳
向东南

贵州深度游
Follow Me
懒旅行的好导游

★ ★ ★

斗篷山风景区

山清水秀 风光旖旎

@无尽的思念 斗篷山绝对是一处天然氧吧，这里的空气非常清新，眼前都是绿色，绿到让人想用尖叫的方式回应自然。登山的路上能碰到很多小桥、溪流、亭子、栈道。游走在这里，心情被莫名地染色。

@阳春三月 在中国，许多地方的山水都是相似的。游斗篷山，不是单纯地玩，斗篷山的森林是原始森林，这里还有大量"原生态"的动植物，与人工开发的景区截然不同，可谓"一样的风景，不一样的情致"！

门票和开放时间

门票：通票50元。开放时间：8:00~17:30。

最佳旅游时间

斗篷山风景区主要的观赏资源是原始的自然森林风光，所以春夏秋三季是最佳游览时间，春的翠绿、夏的凉爽、秋的红火，让人流连忘返。

进入景区交通

位置：都匀市西北岩下乡铁索岩村。

交通：都匀市中心至斗篷山景区有22千米，路面不仅狭窄，坡度、弯道还非常大，如果驾车前往，要特别小心，时速最好控制在30千米，转弯的时候必须鸣车喇叭。或者也可以直接在都匀市汽车站乘坐专线车到景区。

景点星级

美丽★★★★　休闲★★★★　浪漫★★★★　特色★★★　人文★★★　刺激★★

斗篷山位于苗岭山脉中段，总面积达61.8平方千米，是一座巨大的生物基因库，也是国内距离城市最近的原始林区，山清水秀、谷幽林美。原始森林覆盖率达到90%，1800米的高山台地上，原始古林差不多有上百万平方米，而且树木的根全部长在岩石缝隙之中，树抱石、石抱树、树搭桥的奇异景观随处都能看到。斗篷山景区包括胡广峡谷、马腰河峡谷、黄河谷、斗篷山风光和剑江景区五部分。

1 胡广峡谷

胡广峡谷是指从湖广河源头到汇入两岔河的这一段，这里有深切200~400米的峡谷，两岸山峰陡峻雄奇，95%以上都覆盖着原始森林，树种主要有毛环方竹、马尾树、红豆杉等，它们有的呈带状分布，有的是零星分布。胡广峡谷共有七处景观，鳄鱼峰、白岩峡、龙跳岩瀑布等自然景观都很值得一看。

2 马腰河峡谷

马腰河峡谷指从马腰河源头到汇入黄河的这一部分，河道狭窄，谷坡下陡上缓，是一个幽深的谷中谷。两岸的原始森林树木茂盛，树冠婆娑；清澈的河水在峡谷中奔流，看过之后就有种想进去戏水的冲动。走在密林的小道上，百家厂遗址、古驿站遗址依稀可辨，自然风景中还夹杂着古老的味道。

小贴士

夏季来斗篷山游览，最好带上一些驱虫的花露水，如果忘了的话，也可以直接在景区买，不过价格稍高。另外，为了保护景区的自然资源，一些地方还没有开发，可能会有蛇与野兽出没，所以最好不要自己随意乱跑，根据提示牌进行游览。

解说

马腰河峡谷最宽阔的地方是风流滩，这里树木参天，千姿百态，河中散落的巨石如同群星一样，为峡谷增添了不少乐趣。清澈的河水在这里静静地流淌着，水动石静，一派自然生机的景象。夏天还可以到河中尽情享受戏水的乐趣。

3 黄河谷

黄河谷在谷江河的上游，主要有六处景观，包括杉石、幽谷、猴山、九门洞天、萧洞等。这里有特殊的地质地貌特征，就好像是天然盆景一般。九门洞天洞洞相连，洞顶有一个天窗，阳光直射进洞，给洞平添了几分神秘。萧洞内的钟乳石千奇百怪，石笋无数。

攻略

黄河谷中还有一些依山傍水的村寨、民居错落有致。到了晚上，炊烟袅袅，放牧的人也回家了，夹杂着鸡鸣犬吠，让人不禁想起陶渊明笔下的桃花源——也许不如桃花源那么美丽，但是比桃花源来得真实。你也可以在这里住一晚上，真切体验田园风情。

4 斗篷山主峰

斗篷山主峰海拔1961米，为黔中第一高峰。

在斗篷山主峰的竹海与密林中有一天池，天池藏于山顶林中，它是目前国内继长白山和天山发现的又一高山极顶天池。池水清澈如镜，池中有一小岛，岛上有一株杜鹃树，这也是岛上唯一的一棵杜鹃树。天池四周杜鹃花开，漫山遍野，山花烂漫，鲜艳的杜鹃花倒映在池水中，犹如人间仙境，让人陶醉。天池周围是一片莽莽的沼泽泥潭，俗称海子。经过漫长的岁月之后，在海子沼泽地带上堆满了落叶，像是厚厚的一层地毯。踏在如此柔软的地毯上，一不小心会陷入覆盖的泥潭，人们只好用折竹条在绿毯上架起空中浮桥，轻身飞渡泥潭，探奇神秘的斗篷山。

⑤ 剑江景区

剑江发源于斗篷山，是都匀的母亲河。它与斗篷山共同组成斗篷山—剑江国家级风景名胜区。剑江流经市区的部分长达 18 千米，使都匀这座城市充满了生机与活力。

剑江的平均宽度有 100 米，而落差只有 4 米，静若处子，碧波粼粼。它又将这座城市分成了好几块，就像一块块翡翠散落在城市之中，形成了多桥的城市特点，有百子桥、都匀大桥、银狮桥等明清时期至现代的各类桥梁将近 100 座。剑江景区的其他景观还有尧林溶洞、文峰园、东山公园、西山公园等，绿树遍布，如诗如画。

攻略

游客可以乘坐小船游览剑江，听芦笙声，观高原桥城，感受民族风情，聆听山歌对唱。剑江上还会举办龙舟大赛、冬泳比赛、抢鸭子比赛、独竹漂等。比赛期间，游人非常多，人声鼎沸，鼓乐齐鸣，可来这里尽情感受。

攻 略

住宿 驴友力荐的住宿地

到斗篷山旅游，可以住在景区，里面有很多民宿，但由于比较潮湿，游人还需慎重选择，最好先在都匀市区订好住处。

市里的住宿条件就比较好了，从星级酒店到普通宾馆应有尽有，如金鹏国际酒店（都匀市剑江中路67号金海岸大厦）、港龙大酒店（都匀市河滨路134号）、贵侯苑商务大酒店（都匀市开发区龙山大道1号）、7天连锁酒店都匀汽车总站店（都匀市剑江北路152号）、都匀西苑锦润酒店（都匀市经济开发区斗篷山路78号）等。

美食 饕餮一族新发现

斗篷山景区的接待处有餐饮店，主要以农家饭为主，以当地的鸡、鸭、鱼、蔬菜等为食材。都匀市区的美食有冲冲糕、黄糕粑、三都铁板烧等。

冲冲糕据说已有100多年的历史，由籼米、糯米为主要原料做成，香甜不腻，清爽可口；黄糕粑的主要原料是大米、糯米和黄豆，吃法多样，或炸、或烤、或炒、或熏蒸，滋润爽口；三都铁板烧是用上等的新鲜猪杂加调料烤制而成，烤成后，用竹签串起放到嘴里，味道独特。

购物 又玩又买嗨翻天

清塘寨坐落在景区半山腰，这里是盛产都匀毛尖茶精品——清塘茶的原产地。这是一种极佳的饮品，这种茶喝起来没有茶垢，且由于这里特殊的地理环境，此茶的茶碱含量很低，到斗篷山一定要买一些带回去品尝。此外，还可以在这里买到地道正宗的民族蜡染服装等制品，以及民族精湛手工银饰品及小食品。

荔波樟江

贵州的九寨沟

微印象

@啦啦啦 冬天的荔波樟江是最美的，有一种忧郁的蓝色调，秋天的荔波樟江是绚烂的，不亚于黄龙。小七孔景区是整个荔波樟江风景区的精华部分。

@爱上蓝天 第一次在这里玩了漂流，觉得蛮刺激的。在任何一个角度拍摄都是一幅很美的山水风景画。建议带一个好相机，这样可以多拍点美景放大挂在墙上。

门票和开放时间

门票：小七孔景区旺季110元，淡季90元；大七孔景区旺季55元，淡季45元；鸳鸯湖船票30元，水春河景区30元，水春河漂流170元，卧龙谷漂流50元。

开放时间：8:00~16:00。

最佳旅游时间

如果是看水或者漂流的话，建议在6~9月份前往，这时候樟江的水最美。如果想看绚丽的色彩，建议在秋季前往。

进入景区交通

位置：黔南州荔波县瑶山乡。

交通：可以在贵阳汽车站乘前往荔波的班车。到了荔波客运站后，在车站对面换乘前往大小七孔景区的旅游直达公交车。

景点星级

美丽★★★★★　休闲★★★★★　特色★★★★　浪漫★★★　人文★★★★　刺激★★★

荔波樟江有如画一般的特色水景以及浩瀚的喀斯特森林，喀斯特形态多种多样，锥峰密集，洼地深邃，呈现出峰峦叠嶂的峰丛奇观。鸳鸯湖、68级瀑布、水上森林是其中最有代表性的景点。荔波樟江既有奇山秀水，又有浓郁的民族风情，溪流与山峰动静相间，刚柔相济。

荔波樟江的自然美景由小七孔景区、大七孔景区、水春河景区等组成，面积118.8平方千米。此外，这里的人文景观也很有特色，有中共"一大"唯一的少数民族代表邓恩铭故居，还有流传至今的洞葬以及粗犷古朴的民俗风情。

攻略

樟江风景区有很多水景是摄影的绝好题材，小七孔古桥、68级跌水瀑布、鸳鸯湖、水上森林等景点都很不错。开拍时，首先要弄清各种倒影的特性，掌握适中的曝光数据。微风起时，水中的倒影一般会被分割为条状或变形虚幻，凹凸路面上也会因积水的原因而出现断续或局部的倒影，抓拍应该能留下很多精彩的片段。

① 小七孔景区

小七孔景区因北首有一座建于清道光十六年（1836年）的小七孔古桥而得名。景区以精巧、秀美、古朴、幽静著称，面积约10平方千米，全长13千米，也是荔波樟江景区的精华部分。这里的游览景点有上百个，其中比较著名的有小七孔古桥、68级跌水瀑布、鸳鸯湖、水上森林等。奇、俊、秀、古的自然美景加上浓郁的布依、水、苗、瑶等民族风情，每年都有数以百万计的游客来这里观光。

小七孔古桥位于小七孔景区的最前面，这是一座建于清朝道光年间的古石桥，小巧玲珑，桥长25米，桥面宽4米，拱高4米。桥由麻石条砌成，藤蔓和蕨类爬满了桥身；桥下是绿得令人心醉的涵碧潭。

68级跌水瀑布在涵碧潭上游的山谷里，长1.6千米，沿高高低低的河床分布。层层叠叠的瀑布沿着山势倾泻而下，或倾珠撒玉，或似银河泻地，形态各异。沿河谷而上，一路都是高山流水，绿树红花，两

荔波樟江示意图

旁的山林鸟啾虫吟，让人联想起伯牙与子期的知音逸事。

水上森林又被称为瑶池，分上下两段，总长约 600 米。河谷里生长着茂密的乔木和灌木，形成翡翠屏障。河水从杂木林中穿涌而下，就这么一年又一年地冲刷之后，河床已经没有了一粒泥沙，连磐石也被磨光了棱角。在水上森林中，石上盘根错节，枝间古藤缠绕。游客手攀着藤蔓，足踏盘根，沿河穿行，有惊无险，妙趣横生。

鸳鸯湖是一组高原喀斯特湖泊，由 2 个大湖、4 个小湖串联而成。湖泊的最深处有 38 米，湖岸嶙峋，犬牙交错。湖水四季恒温，深不可测。绿岛之间港汊交错，形成一座水上迷宫。清晨和傍晚时分，浓雾罩湖面，其朦胧让人感觉很神奇。到小七孔景区游览的人大多都会到鸳鸯湖来荡舟，享受打水仗的乐趣。

攻略

1. 去小七孔景区的话，最好从东门进，因为这里交通更为便利，也可以在东门附近选择一些客栈住下，最好在东门的游客服务中心买好观光车票前往游览。

2. 游览鸳鸯湖的时候，强烈建议游船，30 元 / 人，在游船上才能看到整个鸳鸯湖，坐在船上凉风阵阵，非常舒服。

至三都县
水甫石棺
水春峡
水蒲水族村寨
水春码头
水利乡
□寨
天然图画
试胆浪
水春河
苦竹滩
姊妹峰
景区
夕照归途
永济泉
荔波
白岩
水春河漂流服务中心
荔波机场
樟江风光带
朝阳镇
茂兰
立化
洞塘
茂兰喀斯特自然保护区
捞村峡谷

❷ 大七孔景区

大七孔景区因有一座大七孔古桥而得名，原始森林、峡谷、伏流、地下湖是这里主要的旅游景点。大七孔桥修建于清朝道光年间，也是解放前荔波县第一大石拱桥；沿着大七孔桥往上走，是一道天神峡谷，翠林层层，峭壁耸立。此外，峡谷内有恐怖峡以及被誉为"大自然神力所塑的东方凯旋门"的天生桥、妖风洞等景观。

恐怖峡河谷深邃，两岸峭壁矗立，高100多米，这里有各色钟乳石，形态各异，就像五彩斑斓的彩画贴在绝壁上。中央有斜着向上排的3个洞穴，最大的一个岩洞口的岩石缝中竟然还长着一排绿树。整个峡谷很安静，如果有人大声说话，绝壁上都会有砂石落下，不身临其境，很难感受到它的奥秘与恐怖。

天生桥距离方村河不远，它是一块天然巨岩，是喀斯特地貌奇观之一。天生桥高60米，厚10米，河水流过桥后，形成2米多高的瀑布。桥孔下巨型钟乳悬挂，桥脚、桥侧的裂隙石缝长出绿色草丛灌木，藤萝花卉缠裹桥身，形成一座大彩桥。桥下瀑布前水激浪涌，小船不能靠近。

> **点赞** 👍 @寻求真理 在大七孔景区旅游，越往里走，峡谷中的水流就越来越湍急，水面上扬起层层激浪，大家一边观看美景，一边录像、拍照留念等，忙得不亦乐乎。

❸ 水春河景区

水春河景区位于樟江上游，水春河峡谷长达20多千米，两岸是对峙的险峰，峭石与江流相伴，一静一动，张弛相济，形成了29道浪的壮美景观。水春河漂流是荔波旅游很重要的旅游项目。乘船在这里漂流而下，时而起伏于浪尖，时而又在绿水白云间静流，缓缓而行。游客既可以体会冲浪的乐趣，又可以在悠然中览胜，听鸟语猿啼，真是"景在两岸走，人在画中游"。

在水春河峡谷漂流的起点有一个布依族村寨，从码头旁边的钢丝索吊桥走几分钟就到了。村寨中的大部分房屋都还是老旧的木屋结构，村寨几乎没有经过商业化开发，所以原始生态保留得很好。这里不仅自然风景很美，民风也很淳朴，进行漂流前，可以先到这里游览一下。

攻略

水春河峡谷漂流有人工建造的峡谷山道，喜欢徒步的游客可以尝试一下。轻装徒步大约需要3个小时，中间有两座桥是必经之路，而其中一座桥在丰水期的时候，可能会被淹没。所以，在打算徒步之前，最好询问一下当地的漂流船工。建议从漂流起点的水春布依寨开始徒步，到漂流终点时，可以坐船回县城。

攻 略

住宿 驴友力荐的住宿地

樟江景区的大门口有几家旅馆，价格很划算，可以考虑住在这里。不过，需要提醒的是，在这里住宿，不要忘记用门票在小七孔出口处进行登记，以免第2天进入景区时重复买票。可选择的酒店有荔波多彩假日酒店（荔波县小七孔景区铜鼓桥售票处旁）、鑫梦精品酒店（荔波瑶山乡高桥村梦柳布依风情小镇）等。

当然，也可以回荔波县城住宿，有樟江宾馆（荔波县玉屏镇力达路2号）、亿东精选酒店（荔波县樟江西路24号）、金谷酒店（荔波县樟江北街2号）、金路达宾馆（荔波县漳江中路29号）等众多住宿去处。

美食 饕餮一族新发现

荔波当地的美食还算是比较多的，荔波野生杨梅汤以喀斯特野生杨梅精制而成，鲜甜可口，生津开胃，是夏天解暑的佳品。荔波腌酸肉皮脆肉鲜，酸度适中，食之不腻，能促进食欲。油炸樟江鱼是把樟江野生河鱼放在油锅中煎炸而成，香而鲜嫩。荔波风猪曾做过封建王朝的贡品，色泽鲜艳，皮脆肉酥，美味可口。此外，还有瑶山鸡、盐酸扣肉、牛骨酸等。其饮食原料全部来源于大自然，不仅风味独特，而且营养价值高。

荔波县城的特色餐馆有老味乌江鱼（荔波县民生路1号）、荔波饭店（荔波县时来大道樟江国际城37号）、凤凰楼（荔波县樟江北路59号）、布依农家饭庄（荔波县玉屏镇广场路96号）等。

购物 又玩又买嗨翻天

在荔波旅游，可以买到刺绣、织布、染布等民族特色礼品，集市上或者农民自己家里的工艺品是最正宗的。米片、风猪、青梅酒是荔波的传统特色食品，漳江河鱼、瑶山鸭、猕猴桃干等产品也能在土特产商店里买到。

行程推荐 智慧旅行赛导游

荔波樟江二日游：

D1：大七孔景区（大七孔桥、恐怖峡、天生桥）—小七孔景区。

D2：水春河峡谷（漂流或徒步）。

建议先去大七孔景区，再游小七孔景区，因为大七孔景区离东门更近，而小七孔景区中的卧龙潭已经靠近了西门，这样一路下来可以省去很多时间。

小七孔的水，像上天遗落人间的宝石，美得令人窒息。一座巨大的扇形水坝将本就波平如镜的潭水截断，原本静谧的潭面顿时水花四溅，激流奔腾。

茂兰自然保护区

罕见的原始喀斯特森林

微印象

@molly 在茂兰喀斯特，你不但可以欣赏到我国西南特有的喀斯特地貌，而且还能感受到原始森林所带来的独特的感觉。建议大家拉上几个朋友一起开始自己的探秘之旅，最好不要跟团，这样你才能体验探秘所带来的快感。

@jishuihu 有世界上面积最大、保存最完整的喀斯特原始森林。来到这里，可以一边享受走路、爬山、探洞的野趣，一边增加对大自然的认识和知识。

门票和开放时间

门票：50元。观光车票：50元/人。

开放时间：8:00~18:00。

最佳旅游时间

景区的最佳游览时间为春夏秋三季，不管气候还是风景都是最美的。冬季比较潮湿、阴冷，不适合徒步。

　　茂兰国家级自然保护区，是我国中亚热带喀斯特地貌上原生森林植被保存完好的一块宝地，被世人称为"地球腰带上的绿宝石"。森林覆盖率达91.59%，总面积130多平方千米，海拔430~1078米不等。这片喀斯特地貌上有森林，中间有石林，下面还有洞林，各层之间又相互交织，石头上长树，石缝里还盘着树根，非常奇特。保护区内不仅有各种各样的植物，比如维管束植物、大型真菌、苔藓植物等，还有各种野生动物及鸟

进入景区交通

　　位置：黔南州荔波县洞塘乡。

　　交通：荔波汽车站有去金城江的大巴，经过茂兰自然保护区门口，不过每天班次不多；或乘班车前往茂兰镇再打车前往景区。

景点星级

美丽★★★★★　　刺激★★★★★　　特色★★★★　　休闲★★★★　　浪漫★★★★　　人文★★★

类，多数还是国家重点保护的野生动植物，形成了巨大的特殊生物资源"基因库"。

喀斯特森林与明河暗流、瀑布、深潭、山泉等融合在一起，多层次地展现了漏斗、洼地、谷地、槽谷四种原始森林景观，再加上各种民族村寨与民族风情，吸引着各地游客。

① 喀斯特梯田

国内以喀斯特景观著称的景区有很多，但其中有很多都已经遭到破坏，大片的地区有的都已退化成喀斯特石漠景观，而茂兰喀斯特森林却仍然保存得非常完好。这里一改喀斯特荒芜的景态，将青山绿水、地下溶洞与森林景色汇集在一起，呈现出非常完美的姿态。

除了最核心的自然保护区之外，布依族的村寨遍布在整个保护区内。村寨周围的块状梯田最是迷人，梯田的景色会随着季节与光影的改变而改变。最美的梯田要数茂兰保护区门口的永康乡溪鸟田园风光与必忙田园风光。观赏梯田的最佳时刻是在 8 月的早晨，当雾气还没有散去的时候，金色的阳光已经照射在了金黄色的稻谷上；周围农家做饭的青烟升起，一幅最美的田园风光画展现在眼前。

小贴士

建议逆时针方向游览茂兰保护区，这样能在早上最美的时候欣赏到梯田美景。如果顺时针走，得等到下午才能看到。另外，景区大门口有尧古布依族村寨，村寨中有一处古造纸坊，有时间的话，可以到这里来看看。

② 观景台

沿着石梯上山能到达景区的观景台，这也是保护区内海拔最高的地方，大约有 1000 米，正常情

茂兰自然保护区示意图

况下爬几十分钟即可到达。站在山顶向远处望，百里喀斯特的峰海一览无遗，叠翠的峰丛绵延至天际。峰丛间，镶嵌着丰收的洼地田园，一条丝带般的公路蜿蜒其中，美不胜收。

如果不赶时间，下了山之后，可以在周围转一转，同时能欣赏到另外一处景点——石上森林。植被都长在喀斯特石灰岩上，非常奇特，路边还有一处古寨遗址可以参观。

❸ 江风布依村

从观景台下来往南走大约 10 千米左右，就到了翁昂乡江风布依村。寨前近处有乡村田园，远处有山川。村寨四周，古树参天，村庄、田园和山水交相辉映，溶洞神秘莫测，山水田园风光无限优美。村寨中完整地保留着古香古色的布依民居、古塔、古桥、古法造纸坊、天然神峰等古迹。民居建筑都以干栏式木质结构楼房为主，瓦盖两层重檐，二层曲栏回廊，布依民居特色明显。

攻略

如果你是在荔波包车游览茂兰保护区的话，司机很有可能不知道江风布依村，但是即使是一边走，一边问路，你也还是很有必要来这里看看。因为这里还有一种独特的地方舞蹈——矮人舞。这是一种田间娱乐舞蹈。每当收获季节，小伙子们用泥巴在肚皮上画出脸谱，小竹篓往头上一盖便形成了"小矮人"。这种舞蹈风趣、诙谐，令人回味无穷，游人定要驻足一看。

布依风情为江风增添了浓郁的民族特色，每年春节、农历三月三、四月八、六月六、九月九等传统佳节或遇上婚丧嫁娶重大活动，村民都会自发组织在一起，表演布衣傩戏、矮人舞和唱布依古歌、花灯戏等。布依古歌带着浓浓的乡音，宛如天籁，让人回味。

点赞 👍 @毛少将 经过了多少年后，城市的生活已经发生了翻天覆地的变化。江风的人们却依然拥有自己的文字，依然生活在木质结构的木屋里。来到此地，感受浓浓的古朴，让人不愿离去……

❹ 黄杨沟景区

黄杨沟因在季节性河谷里连片地生长着的百年小叶黄杨而得名。这条沟全长约 1000 米，沟里的黄杨都长在沟底的石头上。黄杨的树根盘曲在岩石上，密密麻麻的，很像一条彩带环绕在山水之间。而到了雨季，喀斯特地底下的水会涌出地表，漫住黄杨沟。于是，这片黄杨林转而变成了水上丛林。溪水在树根上流淌，在灰枝翠叶之间徜徉。

解说

现在的黄杨沟是一片枝叶繁茂的黄杨世界，而在几十年前，它们的枝干更高更大，后来因为人为的破坏与雪残霜冻，黄杨才变得如此矮小。正是因为这个原因，这些黄杨才变得根桩虬壮，外观犹如天然盆景。保护区建立后，水上黄杨又重新有了活力，清新的空气中到处弥漫着馥郁的香气。

❺ 万亩梅园

万亩梅园有两万多亩梅林，是我国最大的野生梅基地。暮冬时节，当别的花都已经凋零，树木也已经枯萎的时候，这里却漫山遍野都是梅花，千树万树开得正艳，把绿色的喀斯特原始森林装点成银装的世界。

攻略

中国荔波万亩梅花报春节一般于 1 月 15 日在荔波开幕，梅花是越冷开得越好，如果天气一直都是寒冷的，不会出现反复的情况，节日会一直持续到 3 月初。节日期间，不仅可以欣赏到万亩梅花，还可以体验布依族、水族、苗族、瑶族的独特风情。

⑥ 板寨民族风情区

　　板寨民族风情体验区的主要景点有红七军板寨会师旧址纪念馆，这是荔波县的爱国主义教育示范基地。纪念馆建于 2003 年，面积有 1230 多平方米。大门上的馆标横匾是由当年红七军军部特务连党代表、百岁将军吴西题写的。

　　从板寨往西北走 1.5 千米之后就能到达板寨村瑶寨组，那里的妇女们到现在还穿着青色的长衫，里面却穿着至少 7 条短裙，目的就是将臀部的曲线体现出来，现在这一支系的瑶族在我国已为数不多了。

攻 略

住宿 驴友力荐的住宿地

　　茂兰保护区内有很多农家住宿可以体验，既节省开支，又能体验不一样的风土人情。这些农家住宿分布在茂兰保护区内的各村寨，比方说官方直营的甲乙营地的客栈，或者五眼桥一带的农家等，而且选择这些地方也不用为饮食担忧。

　　此外，荔波县城里也有不少宾馆旅社，比较经济的宾馆有荔波东方宾馆、明瑞宾馆、荔源宾馆、荔波前锦宾馆、荔波水上人间宾馆、荔波糖业酒店、荔波青旅等。

美食 饕餮一族新发现

　　在茂兰，要想吃到纯正的农家美食，还是要到大山深处的农家。这里提供餐饮的农家主要集中在必左、板寨、梅原等村寨，游客可以在这里一边品尝农家美食，一边欣赏山水美景。

　　农家没有方桌高凳，他们大多是围绕着一座火塘而坐。火塘上架着一口铁锅，锅下面是用木柴烧旺的明火。美食以土鸡、五花肉、排骨、粉肠、猪脚等为主，这里的鸡肉、猪肉都是农民自家养的，原生态无公害，是城市里的肉远远比不上的。

　　除了肉类，这里还有水蕨菜、野韭菜、折耳根等各种野菜，而且很多野菜都是现摘的，非常新鲜。

行程推荐 智慧旅行赛导游

　　茂兰自然保护区一日游：喀斯特梯田—观景台—江风布衣村—黄杨沟风景区—万亩梅园—板寨红色文化民族风情区。

增冲鼓楼

侗乡最有名的鼓楼之一

@花开无语 三面环山、溪流环绕的增冲寨可算是侗族村寨的代表，鼓楼、戏台、花桥以及环绕在鼓楼周围的吊脚楼如诗如画。

@徐侠客 那么多的侗寨中，增冲寨的鼓楼是最出名的，看起来也果然是更有气派，它们往往别具一格，增冲鼓楼据说没用一钉一铆，古代人民的智慧让人不得不敬佩。

门票和开放时间

门票：免费。开放时间：全天开放。

最佳旅游时间

增冲鼓楼属于人文性的旅游景点，受季节性影响不大。不过，考虑到当地的气候特征，一般还是在春、秋两季到此游览最佳。

进入景区交通

位置：从江县西北82千米的增冲寨。

交通：可自驾走夏蓉高速，从往洞收费站下来6千米即到。从从江县城有每天1点半左右的班车，票价30元，会路过增冲村。

景点星级

特色★★★★　人文★★★★★　美丽★★★　休闲★★★　浪漫★★　刺激★★

增冲侗寨位于从江县往洞乡，已有 600
多年历史。在漫长的历史中，增冲村民很好地
继承、保存和发展了自成体系的民族文化，并
不断丰富其内容，成就了一个保存完整的侗族
"原生态"文化地。

增冲侗寨现存主要景观有增冲鼓楼、风雨
桥、民居建筑、古石板巷道、古井、古墓等。

增冲鼓楼建于清朝康熙年间，是侗乡最有
名的鼓楼之一，也是贵州省历史最悠久、形体
结构最大的鼓楼。它既保存了中国古代建筑的
特色，又具有浓厚的民族风格。

这座鼓楼高 25 米，13 层重檐，双葫芦顶，
杉木结构。让人很新奇的是，整座鼓楼不用一
钉一铆，其工艺精细在我国木质结构建筑中十
分罕见。中间有 4 根直径达 0.8 米的柱子支撑，
主承柱高约 15 米。楼内有 4 层
走廊，沿楼梯可以到达鼓楼的顶
部。鼓楼底层开了 3 扇大门，门
楣上"万里和风"匾系清道光十
年（1830 年）信地侗寨所赠。非
常值得一提的是，1997 年，国家
邮电部发行的《侗族建筑》邮票
中将增冲鼓楼收录其中。

另外，增冲村在增冲河上建
有 3 座风雨桥，均为廊屋式的全
木结构建筑。风雨桥是侗寨传统
建筑的一个重要组成部分，一般
由廊、桥、亭 3 部分组成，是侗
寨中特有的一种交通设施。村民
们也可以在这里遮阳避雨，休闲
纳凉。

增冲传统民居以五岳式封火
墙四合院、穿斗式吊脚木楼为代
表。封火墙四合院大约有 40 栋，
每宅仅留一大门供出入，大门两
侧石坊、门楣雕刻及花草图案，
一窗一字，别具特色。

小知识

鼓楼是侗族特有的建筑，也是侗家人商量家事、
迎送宾客、唱歌与跳舞等活动的主要场所。一般情况
下，一家姓氏会建一座鼓楼，因此鼓楼又成为家族的
门面与标志。增冲鼓楼具有浓厚的民族风格，无论是
工艺还是外观，价值都很高。

鼓楼在侗族人民的生活中起着重要的作用，它既
是侗家集会议事的地方，又是人们拜祭、休息和进行
娱乐活动的场所，它还是寨老处理纠纷、明断是非的
公堂。当遇到紧急情况时，它又成了击鼓聚众的指
挥所。此外，它还是寨中的青年男女相互交往、谈情
说爱的地方。凡是侗族人民聚居的地方，几乎都有鼓
楼，它已经成为侗家村寨的重要标志。

小贴士

拍摄侗寨全景的最佳位
置在村后面的山坡上，可以
欣赏到一条小溪环绕的整个
村寨美景。

106

攻 略

住宿 驴友力荐的住宿地

增冲鼓楼附近也开设了多处客栈，如侗苑客栈，极具民族风格，游人可在这里体验一把当地特有的民族特色。

如果回到从江县城住宿，可以到玉泉宾馆（从江县江东北路）、如佳商务宾馆（从江县江东南路95号）、从江宾馆（江东中路6号）、现代商务宾馆（江东南路嘉苑四号楼）等地住宿。

美食 饕餮一族新发现

从江特有的美食有从江香糯与从江香猪。从江香糯因芳香而得名，口感香糯，营养丰富，还有补血养气的功效。从江香猪是我国珍贵的微型地方猪种，这种猪体型矮小，肉质细嫩，纯净无污染。

侗族的日常饮食以"侗禾糯"为主食。这是一种不用开镰、要用手来摘取的糯谷品种，耐肥、耐寒、不生稻瘟病。用侗禾糯做成的饭软香可口，不散不粘，适宜做成饭团携带出门。即使是在家中，侗族人也经常用手抓饭，捏成团吃。

侗族还以水产为美味，酸鱼是他们最喜欢的一种美食。庞桶酸菜是侗乡最喜欢吃的酸菜，腌的是猪肉、鱼、鸭、鹅等酸荤。不论酸肉、酸鱼、酸鸭、酸鹅，闻起来都有一股扑鼻的醇香味，进口则略带着些酸味。即使是肥肉，经过2~3个月的腌制后，也肥而不腻。

行程推荐 智慧旅行赛导游

增冲鼓楼一日游：增冲鼓楼—风雨桥—传统民居。

早上可从从江县城乘坐当地的大巴车前往增冲寨，一般10点左右就可以到达。欣赏鼓楼需要事先做好功课，这样才能领略鼓楼的文化内涵。另外，风雨桥与传统民居也非常值得一览。不想在增冲寨住宿的话，就尽量在下午1点之前赶回从江县城。

岜沙苗寨
世界上最后一个枪手部落

微印象

@风清扬 "岜沙"怎么读？嘿嘿，你要是真念"巴沙"，当地没有人知道是什么地方，你必须念成"bia sa"，才有人知道那是什么地方。

@molly 来到岜沙苗寨，岜沙男人的传统装束三大标志：砍刀、火枪、椎髻，肯定会吸引你的眼球。你还会惊奇地发现，岜沙的男人剃头用镰刀，当你亲眼看见他们剃头后，你将会不由得感叹那精细到毛发的刀法。

@甜蜜宝拉 寨子里每家都有晒谷架、米仓，收割下来的稻谷被晒上架然后入仓。寨子里的苗族人似乎很擅长用镰刀，我看到有人用镰刀削水果，听说还有人用镰刀剃头，很有意思。

门票和开放时间

门票：60元，看风情表演另收费。开放时间：全天开放。

最佳旅游时间

岜沙苗寨每年大约有一半的时间都在下雨，冬季虽然降水不多，但是比较冷，不太适合去游览。而在夏季，蚊虫又比较多，也许有人会住不习惯。所以建议春秋两季前往，这时候不仅气候好，风景也很美。

进入景区交通

位置：黔东南州从江县城南6千米一处海拔550米的山坳上。

交通：岜沙距离从江县城很近，你可以在县城租车到达，或者搭出租车前往。

景点星级

美丽★★★★　人文★★★★★　休闲★★★★　刺激★★★　特色★★★　浪漫★★★

108

岜沙是个纯苗族的村寨，处于黔桂两省（自治区）交界处的大山中，由于地处偏远，交通不便，至今仍然保留着独特的习俗，而且与其他的苗族村寨明显不同。

岜沙苗寨坐落在海拔 550 米的山坡上，目前还有大寨、宰戈新寨、大榕坡新寨、王家寨和宰庄寨等 5 个寨子，大约有 470 户人家，传说他们是蚩尤的后代。因为寨子里的男人总是把长枪扛在肩上，所以这里被称为"中国最后一个枪手部落"。同时也因为这里比较偏僻，与外界几乎隔绝，所以独特的岜沙文化习俗得以保存下来。

> **点赞** 👍 @金妍儿 苗族谚语说"芦笙不响，五谷不长"。芦笙是代表苗族文化的一种符号，是苗族的象征。据说芦笙吹得好的青年，是大众情人，极受女孩子青睐。

走进岜沙，你会发现这里到处都是茂密的森林。菁黑林密，具有很强的隐蔽性。岜沙村不大，村寨建于山梁坳口及面向都柳江一侧的半坡上。寨内的木楼古朴、简单，四周则被密林环绕。岜沙苗寨充满原始的英武气息，这里的男子腰间还别着砍刀与牛角火药筒，肩上扛着火枪，仿佛是古代的勇士。很多人来到这里之后，都会被这里的独特风俗所吸引。碰到有客人到来的时候，岜沙男子便会在寨门前吹芦笙和芒筒。吹完之后，他们会拿起火枪对天鸣放，这是他们欢迎游客的特别方式。

> **点赞** 👍 @花儿 岜沙苗寨每个男人成年后都是腰挂短刀、肩扛土枪。虽然现在鸟兽都成了保护对象，但是岜沙男人依然保持着枪不离身的传统。

很多苗族村寨的村民平时都不穿民族服装，打扮得和汉人无异，而岜沙的村民还是穿着用油光发亮的土布制成的服装：男人穿黑色无领上衣和直筒大裤管的黑色裤子；妇女围围裙，穿百褶裙并裹绑腿。这些服装才是传统的民族服装，全部是由苗族妇女纯手工制作。

最奇特的是男人的发型，四周的头发剃光，只留下头顶中间部分的头发梳成发髻，颇有清代遗风。不过旗人是脑后留发梳辫，而岜沙男人是头顶留发。

在寨子后山的山顶上有芦笙堂，它并不是一间屋子，而是由大树围成的圆形平地。每逢到了节日或重大事件的时候，全寨的人都会集中在这里。而且苗族人庆祝节日的传统方式"芦笙踩堂"也是在这里。一般来说，谁都可以到这里来，只是男女谈恋爱的时候不能在这里。

小知识

男子剃头在岜沙算得是一件大事，更令人叫绝的是，村子里的理发匠是用割草收禾的大镰刀为全寨子的男子剃头，如果你不是亲眼看到理发师在芦笙场上为游客表演这一绝技，真难以相信和想象的：那么大、刀锋与刀柄呈 90 度角的家伙在人的头上舞弄竟然啥事没有，且技艺娴熟到想留哪就留哪、想剃哪决不留下丝毫发茬的地步，脖子、耳后的头发全剃得一干二净。岜沙男子头顶的头发终生不剃除，女人当然就更不可能将头发全部剪光，这还是源于岜沙人古老而朴素的树崇拜生态观念。

链接　岜沙苗族的习俗

岜沙的节庆有吃新节，每当农历七月十三日或十四日，每家人都会到田里摘谷穗煮成饭，再加上鱼肉和鸭肉等做成贡品祭祀祖先，最后全家坐在一起吃团圆饭。另外，成年礼是每个岜沙男子必须要经历的事情，一般在 7~15 岁之间举行，当天，他们不仅会和小伙伴一起出去打鸟、摸鱼，还要由房族中的本家鬼师为他剃头，背上父亲为他打造的猎枪，这才算是真正成人了。

住宿　驴友力荐的住宿地

　　来岜沙苗寨旅游，可住在苗寨中的村民家。住在苗寨，大多是小木屋，环境也还算是不错。村口还有青年旅社，价格也不高，是很好的住宿选择，如古风寨青年旅馆（岜沙村村口），卫生条件很好；也可以到黔东南赵寨主特色民宿（苗寨中）。旅游旺季的时候，住宿比较紧张，建议提前预订或者早点回从江县城住宿。

美食　饕餮一族新发现

　　游客可以到当地村民家吃饭，品尝原汁原味的苗族美食。岜沙苗寨有苗族特色饮食，如荷叶糍粑、烤香猪、羊瘪、香茅草烤鱼、凉拌羊（猪）血、油茶、酸汤鱼、牛背筋、腌鱼等。荷叶糍粑用上等糯料、白糖、凉糖、玫瑰芝麻、洗沙、花生米、核桃仁等原料制作而成，是贵州有名的小吃。牛背筋用牛蹄、腱子肉与鸡块、辣椒等煸炒而成，色香味俱全，韧性十足。腌鱼是苗族人民独具特色的传统食品，鱼肉鲜美，酸香扑鼻。

黎平侗乡

被誉为"天下侗乡第一县"

@haoiaobao 侗族老乡世世代代都住在高架木屋里，新建成的涂上桐油是棕黄色的，日长时久、风吹雨淋就变成黑乎乎的一片了，在青山绿水之中，很有风味。最具特色的是高耸入云的鼓楼，堪称建筑一绝。还有风雨桥也是充满浓郁的民族气息，绚丽多彩的民族歌舞更是让人陶醉。

@小鱼儿 我穿梭在5座鼓楼、5座戏台、5座花桥之间，品味着侗族悠久的历史文化，在不知不觉中迎来了夕阳。天渐渐暗下来，肇兴的夜幕赶走了熙熙攘攘的人流，很快地逃离了喧嚣和尘埃。

门票和开放时间

门票：免费。开放时间：全天开放。

最佳旅游时间

这里最佳的旅游季节是春季。当地的梯田很多沿山势分布，春季油菜花开的时节，一片片金黄色的油菜花，非常迷人，这时候也是拍照与踏青的最佳季节。

进入景区交通

位置：贵州省黎平县境内。

交通：可先坐高铁到达洛香高铁站，这里每隔40分钟就有一趟到黎平县的汽车。

景点星级

特色★★★★　人文★★★★　美丽★★★　休闲★★★　浪漫★★　刺激★★

黎平侗乡是全国唯一以民族风情命名的国家级风景名胜区，是全国最大的侗族聚居地，是侗族文化发祥地，也是侗族文化原生态保留地。

黎平侗乡是贵州省东线旅游的窗口和主要景区。景区总面积约为159平方千米，含"四区两点一群"，即肇兴——地坪、茅贡——坝寨、岩洞——口江、八舟河——天生桥四个景区，尚重盖定和洪州平架两个独立景点，还有德凤翘街古建筑景群。此外，景区中还有红色旅游文化景点，是进行观光游览和文化教育活动的胜地。

肇兴——地坪景区包括肇兴侗寨、地坪风雨桥、堂安侗族生态博物等九个景点；八舟河——天生桥景区包括天生桥、八舟河、石龙山森林、少寨田园风光等十九个景点；茅贡——坝寨景区包括高进戏楼、腊洞吴文彩墓等五个景点；岩洞——口江景区则有独柱鼓楼等，该景区以侗族大歌与民族节庆为观赏特色。

攻略

1.2020年6月1日，中国侗乡茶城开市了，这里有礼品茶专营店铺、干茶批发零售、茶叶品茗、茶文化博览等，游人可以根据自己的口味买一些好茶回去。

2.位于八舟河景区上游的西园山庄是一处集食宿、度假休闲于一体的景点，这里开设的项目有：水上漂流、划船、坝中游泳、野炊露营、垂钓、自助烧烤，还能让你领略侗、苗歌舞，品尝各种民族风味。西园十里漂流可谓侗乡第一漂，是一场有惊无险之旅，能让游客依依不舍、流连而忘返。

① 肇兴侗寨

肇兴侗寨处于一狭长谷地，是以错落有致的5座鼓楼、5座花桥、5座戏台和鳞次栉比的侗族民居构成的建筑群，名列吉尼斯世界纪录，号称"黎平第一侗寨"。

肇兴被誉为"鼓楼之乡"，鼓楼群的规模堪称国内之最，在全国侗寨中也绝无仅有。鼓楼的建筑吸取了汉族古代建筑的精髓，又突破了塔楼的常规，下部呈方形或六边形，瓦檐呈多角形，飞檐重阁，就像一座宝塔。目前，肇兴侗寨各项旅游接待设施较为完善，每天晚上5座鼓楼轮流进行精彩的侗族歌舞表演。

1. 肇兴侗寨被摄友评选为"六大摄影天堂之一",从肇兴中学可以拍到肇兴全景,5 个鼓楼分布在划一的侗家木楼里,清晨和日落时分尤其漂亮。喜欢摄影的朋友可以早点起床,抓拍最美的日出风景。

2. 肇兴景区除了肇兴和堂安以外,周边的一些古村落也很值得一看,这些村落零星地散落在肇兴附近 10 千米范围内,时间充裕的话可以去看一看。

肇兴不仅是鼓楼之乡,而且还是歌舞之乡,寨子里还有侗歌队、侗戏班。到了节日或有宾客到来的时候,这里的居民就会在鼓楼欢聚,进行各种民族特色的文娱活动。演出时侗族演员穿着侗族服饰,以侗话说唱方式表演侗族歌舞。这些活动又以唱歌最为有名,有侗族大歌、蝉歌、踩堂歌等,侗族大歌在 2009 年被列入"人类非物质文化遗产"代表作名录。

点赞　👍 @满桃行瀛小　古诗有云,白云生处有人家。这句形容肇兴侗寨再贴切不过。这里是全世界最古老的侗寨之一,还保留着年代久远的生活习俗,民风淳朴,环境优美,得闲去走走,很不错。

② 地坪风雨桥

地坪风雨桥,俗称花桥,始建于清光绪八年(1882 年),桥长 57.62 米,宽 4.5 米,高出正常水位 10 多米,整座桥用侗区最好的杉木建造,没有一钉一铆,也没有设计图纸,全部由传统的侗族工匠

地坪风雨桥，长长的桥廊上建有三座精美的桥楼，古朴的桥
身在山谷间续写着历史的沧桑。

利用传统的侗族建筑技艺建成。地坪风雨桥展示了侗族建筑艺术的独特风格，被誉为"侗民族的建筑奇葩"。

攻略

每年农历的六月初六是侗族的小年，地坪风雨桥就变得非常热闹。附近的苗家侗寨男女老少都穿着盛装载歌载舞，大队人马一起到风雨桥祭奠朝拜。这样的风俗习惯每年都会吸引大量的游客。

❸ 天生桥

黎平天生桥是目前发现的举世无双的天然石拱桥，这座天生桥最大跨度 118.92 米，桥拱最宽处138 米，拱床至河床高 38.8 米，拱顶岩层厚度 40 米，拱腹距水面 33.4 米，名列吉尼斯世界之最。天生桥桥身有石洞数个，有的可通桥顶，有的则深浅不一；桥顶和桥壁两侧石柱、石笋、石岩千姿百态；绝壁之上，古松怒立，环境幽深绝伦。

❹ 翘街古城（黎平县城）

翘街，又称东门街，保存有较为完好的清代建筑群。这条街东起城垣东门，南至二郎坡荷花塘，全长 1000 多米。此街两头高，中间低，形状如翘起的木扁担，所以称为"翘街"。翘街的大街小巷有很多，比较有名的有马家巷、姚家巷、张家巷、双井街、左所坡等，巷道都以卵石墁街，石梯连接。著名的黎平会议会址、黎平会议纪念馆、两湖会馆等景点也在古城中。

黎平会议会址是一座清代的古代建筑物，两端有高大的封火墙，房屋面宽五间。正中有一座门楼，两边为铺面，当年是胡荣顺商号。走进门楼，里面是一个大院，有 9 个大小不同的天井，建筑面积近800 平方米。1934 年底，中央红军由湖南通道进入贵州，占领黎平后，总司令部就设在这里。2017 年，黎平会议会址入选中国红色旅游经典景区名录。

❺ 独柱鼓楼

独柱鼓楼，俗称"现星楼""杉树鼓楼"，外观与其他鼓楼一致，为七层檐四角攒尖顶，密檐式木结构建筑，占地面积 53.3 平方米，高 15.6 米。独柱鼓楼始建于明崇祯九年（1636 年），该楼只有一根"楼心柱"直贯顶端，承受整座鼓楼的主要压力，是侗族社区仅有的一座独柱鼓楼，也是鼓楼的雏形，名列吉尼斯世界纪录。

❻ 堂安侗族生态博物馆

堂安侗寨是中国与挪威王国合建的唯一一座侗族生态博物馆，这里四面青山，峰峦叠嶂，阡陌纵横，梯田层叠，环境优美。寨内有鼓楼、戏台、花桥、吊脚楼等民居建筑群以及石板路、古墓葬群、古瓢井、水碾、石碓、纺车等侗族风情浓郁的物件，整个寨子与大山融为一体，有如世外桃源一般。

住宿 驴友力荐的住宿地

在黎平旅游，可以住在寨子里，体验民族风情，如肇兴隐居精品客栈（肇兴村农用停车场正对面）、黎平界池旅馆（肇兴村农村信用社南50米）、侗乡芳华酒店（肇兴镇上寨寨门旁）。

此外，黎平县也有很多选择。黎平大酒店（县城新区中心曙光大道旁）是一家标准的三星级酒店，设备齐全；黎平黔城大酒店（五开北路87号附近）设有多种房型，是理想的下榻之所。

美食 饕餮一族新发现

在黎平县，侗族是人数最多的一个民族。这里的美食也很奇特，主要有牛瘪、打油茶、腌鱼以及白蘸肉等。牛瘪是一道火锅，底料是绿色的，有很多配菜，主要是牛肉、牛肚等。入口后有淡淡的苦味，还有一些中草药的味道，很奇特。打油茶有很多口味，既有糯香又有茶香，别有一番风味。白蘸肉有点类似白切肉，用香辣蘸料，是侗族人非常喜欢的一道美食。

肇兴侗寨的菜大多也是贵州各地都有的菜，多酸辣，比较开胃，不仅价格便宜，选择性也比较大。肇兴镇上有多家小饭馆，吃饭还是很方便的。

购物 又玩又买嗨翻天

黎平侗寨中的购物产品以手工艺品为主，侗族特制的手工制民族服装、饰物值得购买。还有侗族的银饰也很有特色，可以买来做纪念或送朋友。购买的时候，最好直接在寨中购买，因为寨中的工艺品以手工制作的居多，而县城中的则不敢保证。

隆里古城

明代重要的军事屯堡

微印象

@认知123 隆里古城是一座保护得相对较好的古建筑群，虽然这些明清遗留的建筑浸染了太多的岁月痕迹，布满了无尽的沧桑，但依然向人们展示着曾经的辉煌。

@贫穷or富足 古城虽不大，也没有太多的美丽可言，但走在这并不宽广的古老街巷之中，最能感受的是它那份古老的气息和古城特有的宁静。

门票和开放时间

门票：免费。

开放时间：8:00~18:00。

最佳旅游时间

初夏是游览隆里古城的最佳季节，这个季节里，走进隆里古城的三街六巷，尤其是被大雨冲洗过后的鹅卵石花街，会看到街上干干净净的，清亮古朴，而且初夏的古城更加幽静，没有夏季的吵闹与燥热。

进入景区交通

位置：黔东南州锦屏县隆里乡隆里村。

交通：在锦屏城关有直达隆里的车，车次很多，大约每隔45分钟一趟。

景点星级

人文★★★★　美丽★★★★　休闲★★★　特色★★★　浪漫★★★　刺激★★

隆里古城位于锦屏县西南部，是黔东南唯一一个只有汉族居住的古镇。它是明朝遗存的军事城堡，有着600多年的历史，完整保存着明清时期的居民建筑，是中国与挪威王国国际合作"贵州生态博物馆群"之一和贵州重点建设的文化古村镇之一，是中原文化和贵州少数民族文化融合的产物。

隆里古城有东南西北4个城门，城内街道都是卵石铺成的，以南门"蜈蚣街"和"古钱币"最具代表性。街道都是"丁"字结构，城内排水设施完善。城四周有城墙，城墙外还有城壕和护城河。古城内古时有72姓，72口水井，现有的古典民居有40多幢，建筑宏伟。城内的街道明通暗塞，虚实结合，建筑风格体现了人与自然的统一。城内除了散布在各个角落的古井、古祠、古桥、古宅之外，1500米用卵石框边筑成的古城垣最有代表性。

❶ 龙标书院

龙标书院是隆里古城最古老的历史文物古迹，为纪念被贬到龙标为尉的唐代诗人王昌龄（因贬到龙标为尉，时人称之"王龙标"），故将书院取名"龙标书院"。民国初期这里改建为小学。2012年4月，书院里面的小学拆除，只留大门和两间厢房。同年7月，书院重建。

解说

隆里古城的文物古迹很多，除了龙标书院之外，状元桥、平水石桥、书坊桥等也很有名。其中状元桥是为纪念王昌龄贬谪隆里而建造的，也是隆里著名的人文景观。西门大街中部有古井，观音堂内有古井，木马街、张所街中部也各有一口古井，很值得欣赏。每年春节这里还有舞龙表演，在中国都堪称一绝。

跨入石门坎进入大门，眼前是一块长方形空地。中间卵石镶面花街人行道，两边栽有桂树、垂柳、牡丹，彼此交相呼应。花台上，四季鲜花不败。紧接是一座池塘，名叫"洗黑池"，直径6.4米，宽14.3米，池塘两头周围全是用青石条雕花砌成的护栏杆。池内引来清泉水，种植荷花，每到夏天的

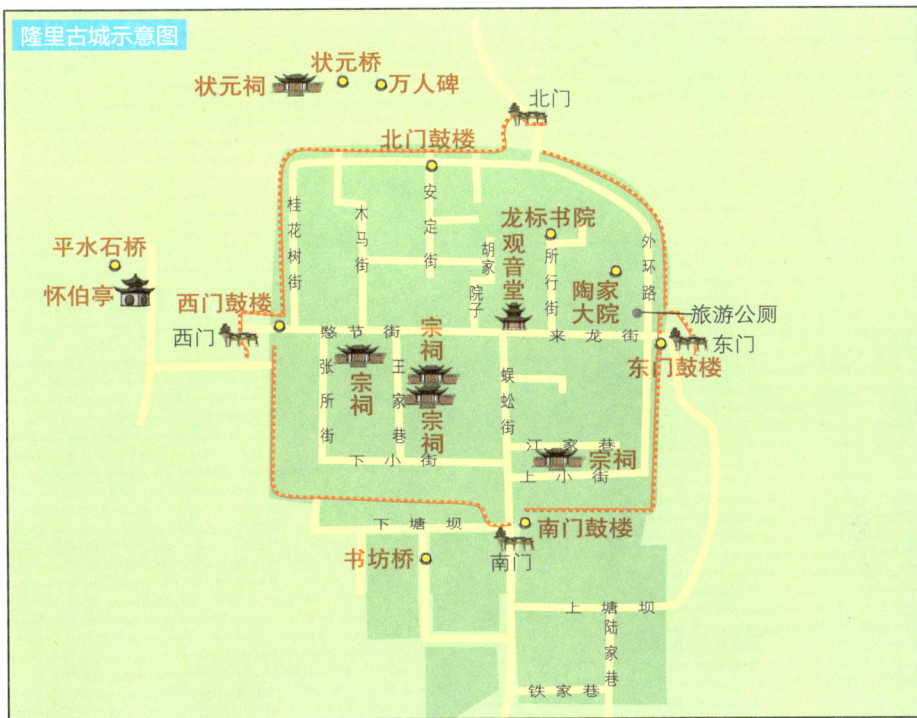

隆里古城示意图

点赞 👍 @快乐老家 走在城内，看着这些明清的古建筑，或古朴或破落，无不经历历史岁月的洗礼，让人感受到它迷人的魅力和丰富的历史文化内涵。

时候，"映日荷花别样红"的风景就展现在眼前。池塘中间是一座三拱名叫"鹏程桥"的石桥，喻示着龙标书院每个书生的人生都能展翅翱翔，鹏程万里。另外，院子里还有垂柳，腊冻初消、燕递絮语的初春季节，柳树已是万缕烟丝，轻盈婆娑的风姿随风吹拂，给龙标书院添增了欣欣向荣的生机与活力。

攻略

每到节假日，古镇中的组织者为了迎合游客，宣传隆里的文化风貌，会举办盛大的中华传统表演活动。隆里画花脸是世界唯一的汉文化民俗艺术，也是贵州非物质文化遗产，游人一定不要错过。

❷ 隆里生态博物馆

隆里生态博物馆占地面积 800 平方米，设有碑刻展区、传统街区展区、生产用具展区、生活用具展区、历史政治展区和古城模型等几大部分。

博物馆为三间两层二进院两天井楼房，主馆前院为办公、接待及展廊，内院底层为展厅；二层为资料室和电教室。外围四周空斗马头墙的仿隆里明清典型民居，全都是采用当地优质杉木建成，绘有彩画，力求体现地域文化特色和建筑与自然环境的和谐统一。

解说

博物馆的对面是两家很有特色的书香第和关西第，无一不是古色古香，保持了明清时的风格，墙面的斑驳正好呈现了岁月的风尘。很有古代特色的窗户从里面被木板挡上了，但窗户上的对联显出来的意境还在。窗棂多为木条结构，配以鸟、花、蝙蝠等装饰，具有很浓的地方特色，值得一览。

攻略

住宿 驴友力荐的住宿地

隆里古城为了方便广大游客，附近建了很多旅店，如隆里古城酒店（隆里古城东大门旁）、锦屏晓城故事客栈（隆里古城派出所西南100米）、锦屏来龙客栈（隆里乡隆里村35号）、锦屏久栖客栈（隆里乡隆里村新区202省道隆里乐童幼儿园旁）。

如果回锦屏县城住宿，可选择林海宾馆（锦屏县富民路）、锦江大酒店（锦屏县三江镇清江路）等住宿地点。

美食 饕餮一族新发现

锦屏当地的美食有酱粑、印合粑、血糯米粑、豆腐笋、隆里腌鱼等。酱粑是隆里古城人的传统名吃，又叫怪味粑，甜、辣、香俱全；吃到嘴里，甜中带辣，辣中有香。印合粑有各种图案，小孩特别喜欢拿来玩，也是当地人送给亲友的好礼品。血糯米粑味香而糯，色褐红，营养丰富，与其他荤素菜甜辣同煮，味道更加鲜美。

行程推荐 智慧旅行赛导游

隆里古城一日游：古城东门—龙标书院—观音堂—蜈蚣街—王氏宗祠—西门鼓楼—北门街—古城墙—陶家大院—东门鼓楼。

其实古城很小，2~3个小时足以游览完。游客可以按照上面的推荐路线游览，也可以自己设计游览路线。

节日期间的隆里古城，充满了烟火气。

第 **4** 章
贵阳
向东

龙里大草原
西江千户苗寨
潕阳河风景区
镇远古城
梵净山

贵州深度游
Follow Me
慢旅行的倡导者

龙里大草原

高山平台草原

微印象

@三元桥的乞丐 来到龙里大草原，放眼望去，视野极为开阔。它足足有9万余亩，共有十多个草坪，草原上开满了好多红色和蓝色的小花，令人心旷神怡。

@山谷中百合花 晚上可以和当地的居民一起跳舞、唱歌，大家虽然都不认识，但是相互之间却没有芥蒂，一块儿烧烤，一块儿娱乐，仿佛忘记了时间的存在！

@怀念龙里 龙里大草原真的可以说是一个综合性娱乐天地，玩的吃的都让人回味无穷。在美丽的大草原上骑马飞奔，那感觉简直是太棒了，下次还要来玩。

门票和开放时间
门票：25元。开放时间：8:00~18:00。

最佳旅游时间
游览龙里草原的最佳季节是春秋两季。这时候，草原既不是很冷也不热，草也长得茂盛，一望无际的绿色让人心旷神怡。

进入景区交通
位置：黔南州龙里县龙山镇中排村。

交通：适合自驾或打车前往。

景点星级
美丽★★★★　休闲★★★★　特色★★★　浪漫★★★　刺激★★　人文★★

　　龙里大草原距贵阳市区60多千米，这里不仅有美丽的草原风光，还有独特的蒙古族风情。一望无际、空阔幽深的草原上时常会出现牧人策马的和谐美景。草原上除了有万亩草场之外，还生长着大片的白杜鹃、大白杜鹃、红花木莲等珍贵植物。

　　在从龙里县城到草原的山路上可以欣赏到悦目的田园风光，一些民房点缀在极有韵律的梯田之中，居高临下，可以拍出有航拍风格的照片。

　　龙里大草原总面积有6000余万平方米，分为五里坪、亮山坪、谷鸟坪、王寨坪等十多个大小草坪，其中最大的草坪是亮山坪，最长的草坪是五里坪。

❶ 五里坪

　　五里坪大草原面积有460余万平方米，这里地势平坦，喀斯特台地草原的独特性在这里展露无遗。站在这里，就好像是到了内蒙古的大草原一样，游人可以观赏草原风光和花海，摄影拍照，还可以策马扬鞭，驰骋在草原之上，感受草原的壮阔与豪迈。

攻略

　　五里坪草原上建了一个鹿园度假村，在度假村内，可以骑马、放风筝、打排球、踢足球，还可以坐上草原越野车，享受在草原上驰骋的乐趣。到了晚上，你还可以参加富有民族风情的篝火晚会、苗家情歌对唱等节目，完全沉浸在当地的民族风情之中。

❷ 苗族村寨

龙里大草原周围住着很多苗族人，民族风情浓厚。炸哨的哨口、古营盘下的古战场上记载着苗族先民们抵御外敌的历史。值得一提的是，草原上的岳家寨还住着据说是民族英雄岳飞的后裔，他们不论是服饰还是习俗，都保留着宋代的遗风。

攻略

每年正月初六到正月十二是龙里大草原苗族同胞的传统节日——跳圆，这也是苗族青年男女吹芦笙、跳舞找意中人的一种方法。这种舞蹈由两名青年芦笙手和几名男青年围成一圈吹奏芦笙，一群姑娘围绕着芦笙手在乐曲中跳舞。他们踏着节奏，吹着芦笙，围圈而舞，所以就叫跳圆舞。

❸ 猴子沟景区

猴子沟景区因野生猕猴多而得名，这里离龙里县城南部只有2000米的路程。猴子沟景区分为高原草场和森林峡谷两大景区，有峡谷、山峰、洞穴、洼地、落水洞、飞瀑等各种各样丰富的自然景观，还有王寨苗族村、古营盘遗址等景点。

攻略

如果有时间，你可以去拜访一下猴子沟谷内的农家，他们的房子星罗棋布，掩映在绿竹葱郁的优美环境之中。大一点的二十几户聚在一起，小的只有一家。在这里，你能看到很原始的田园生活。村民们以农耕、造纸为生，这里曾经有一座供奉造纸鼻祖蔡伦的庙宇——蔡伦庙。20世纪50年代被毁，只留下了屋基和院墙的断垣残壁。

来猴子沟旅游，不要错过"三绝"。它们在猴子沟中段，过河走几百米只见百余米高的绝壁中部喷射出两道水桶般的白泉。二者距离有20米，就像两条白龙，称为"双龙飞瀑"，这是第一绝。在"双龙飞瀑"的斜对面有一个溶洞，洞口有一个能容纳上千人的大厅，厅顶有一天然天窗，阳光直照下来，形成一条奇特的光柱，称为"坐井观天"，此为二绝。从洞口出来，两面峡谷好像挤得人透不过气来，往天上看，只能看见天空中有一条线，称为"一线天"，此为第三绝。

链接

世界首座车行道与玻璃步道共桥面的高山峡谷景观桥——龙里河大桥，位于贵阳到龙里大草原的必经之路，距龙里大草原约6000米。大桥横跨朵花大峡谷，跨越龙里河，是双塔双索斜拉桥；大桥全长1260米，主跨为528米，桥宽30米；塔顶距峡谷底约400米，桥面距峡谷底约280米。

攻略

食宿 饕餮一族新发现

　　贵州龙里大草原上有度假村，有标准间和高中低档客房，如龙里草原度假酒店（龙里大草原景区内）、草原城度假村（龙里大草原上）。此外，这里还有富有民族风情的蒙古包客房，住宿条件很好，不过住蒙古包价格会很高，尤其是在旅游旺季。

　　也可以去龙里县城住宿，条件不错的酒店有新纪龙印象大酒店（城中心正大街与兴龙路交叉处）、天御山庄（龙里县坝上村）、黔海酒店（龙里县三林路）等。

　　在龙里草原景区，既能吃到贵州特色菜，还能吃到富有草原特色的烤全羊、烤香猪、烤全鸡以及烤全鸽。尤其是羊肉系列的食品味道非常好，烤全羊可谓是贵州一绝，不要错过。

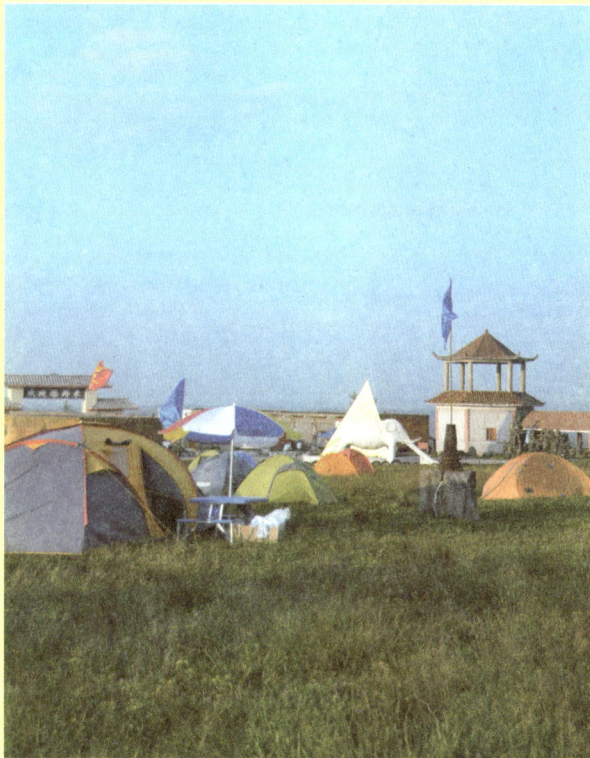

行程推荐 智慧旅行赛导游

　　龙里大草原一日游：草原骑马—猴子沟景区游览—草原篝火晚会。

　　到了草原之后，你可以骑马或者放风筝；如果有时间，还可以到猴子沟景区游览，这里的三绝不要错过。晚上回大草原参加草原篝火晚会，与其他游客及当地居民一起跳舞、唱歌、吃烤全羊，享受草原旅游的无限乐趣。

西江千户苗寨

中国最大的苗族聚居村寨

@2012大大木头 西江千户苗寨的确可以说是中国最大、聚集度也最好的苗寨，苗族风情相当浓郁。畅游苗寨要有好的体力，因为地势的原因，美景都在山上。

@candy瑶 很不错的寨子，特别安静，可以选择走寨子里的小路，会看到完全没有被商业化的淳朴，真的很美。

@蝶芦香李 来到这里一定要看夜景，十分漂亮。还有，来到苗寨不要忘记品尝苗家自酿米酒和原汁原味的苗家风味小吃，欣赏古色古香的苗家建筑、歌舞。

门票和开放时间

门票：110元。

开放时间：全天开放。

最佳旅游时间

夏秋两季是游览西江千户苗寨的最佳季节，农历六月为苗家的"吃新节"，十月为苗家的"芦笙节"。日期间，男女老少都要穿上节日的盛装，聚集在芦笙场上，和着芦笙乐曲欢快地跳舞。

进入景区交通

位置：黔东南州凯里市雷山县西江镇。

交通：凯里高铁南站有发往景区的直达旅游班车。

景点星级

人文★★★★★　　美丽★★★★★　　休闲★★★★　　特色★★★★　　浪漫★★★　　刺激★★★

　　西江苗寨由十多个自然村寨组成，可谓一座露天博物馆，展览着一部苗族发展史诗，是观赏和研究苗族传统文化的大看台，有"千户苗寨"之称。西江苗寨共有五个家族、五座鼓楼、五座花桥、五座侗戏楼，这些建筑物至今保存完好。这里有最浓厚的苗族文化风情，其建筑、服饰、语言、饮食以及传统习俗都保存得很完整。

　　西江千户苗寨依山傍水，四面环山，白水河将寨子一分为二。河的北面有平寨、东引、羊排；南面是水寨、乌嘎、也好、南贵。苗家木质吊脚楼依山而建，是全国最大、最典型的苗族吊脚楼村寨。每年的苗年节、吃新节，13年一次的鼓藏节等，都很有名。此外，西江还有非常有名的银匠村，苗族银饰全都是手工制作而成的，技术水平非常高。

❶ 芦笙场—起鼓场

　　芦笙场是西江苗寨古街中间的一个坝子，这是寨子里举行公祭活动以及跳芦笙的地方。坝子中间的柱子是苗族的图腾柱，上面主要刻画了苗家的生活生产习俗等图案。柱子的最上面很像芦笙，中间是牛头，最下面的圆形代表苗族的铜鼓。

　　起鼓场是举行"祭鼓大典"的地方。为方便游客观看，有时候还会采用苗、汉两种语言表达。西江苗寨每隔十三年会举行一次鼓藏节，每届要持续三年，每次大约有半个月，第三年为鼓藏节，这也是当地最为隆重的仪式之一。

攻略

　　在鼓藏节期间，苗族迎宾要设 12 道拦门酒，这也是苗族迎宾的最高礼仪。而现在拦门酒则变成了一种表演仪式。每当有宾客来到这里的时候，苗家的主人就会在寨门口摆上米酒，招待远道而来的宾客。米酒里有苗寨人民的敬意和祝福。但是，现在你如果到这里，并不是说每家都会这样摆拦门酒。现在的拦门酒已经变成了一种仪式，每天 10:00~12:00、14:30~16:00 有表演。

② 西江古街

古街位于千户苗寨的中心，这里有两条主要的商业街，古街四周的高山上都是木制的苗家房屋。苗族建筑以木质的吊脚楼为主，为穿斗式歇山顶结构。这里有很多本土服装习俗等游行展示，在芦笙场也经常有免费的歌舞表演。古街两旁都是出售琳琅满目的苗族特色商品的店铺，苗族银饰铺最有特色，苗寨周边还有很多远近闻名的银匠村。

攻略

西江古街上除了销售银饰的店铺外，还有好多家出租苗族服饰的小店，可以根据自己的喜好去租，都是按小时收费的，价格不是很贵，不同款式价格不同，头饰、项链和耳饰都有相匹配的苗族服饰，可以穿着它们去河边桥上美美地拍个照。

③ 西江苗寨博物馆

西江苗族博物馆是由政府兴办，是一座占地面积3000多平方米的两层吊脚楼，一楼为砖混结构，二楼为木质结构，共有11个展厅，有历史厅、生产厅、生活厅、服饰银饰厅等，以实物结合图片的形式展示给游客。馆内珍藏有1220余件苗族文物和350余张有代表性的图片、画像等，重点展现了苗族人民的发明创造。

西江千户苗寨示意图

至雷公坪
至凯里
黔森宾馆
西江小学
游方场
① 芦笙场
活路头
鼓藏头
东引观景台
苗家乐
起鼓场
田园风光
农民画家
西江镇政府
刺绣作坊
③ 西江苗寨博物馆
步行街 ②
田园风光
芦笙场
五号风雨桥
一号风雨桥
苗家乐
铜鼓表演场
沿河步道
观光车乘坐点
苗家乐
观景台 ⑤
苗家乐
西江中学
梁聚伍故居
蜡染坊 ④
古井

④ 蜡染坊

蜡染坊在西江千户苗寨很常见，蜡染是苗族女性特有的手艺。2006 年，蜡染被国家评为首批非物质文化遗产保护项目之一。蜡染的素材都来源于生活，蜡画上的图案全是苗族图腾，有蝴蝶、阴阳鱼、苗龙、锦鸡等。

苗寨的人都是即兴作画，不打底稿，随着工匠的思路被随性创造。他们制作的蜡染线条活泼，造型生动，很受游客欢迎。

⑤ 观景台

苗寨的最佳观景台可以从白水河一旁的一步步阶梯登山到山丘顶部，在上面可以俯瞰两山一河的景色。在山脚下看寨子，吊脚楼是一栋栋的。等你登上了观景台，看到的一切会很震撼！形似犄角的两道宽大的山梁上，倚山就势密密麻麻地覆盖了一层格局相同、色彩一致的苗家建筑。几百上千家吊脚楼均匀分布，分不清彼此，找不到街巷，也就没有院落这一说法了。

攻略

每到黄昏到来的时候，千家万户都点亮了灯。随着天色越来越暗，西江千户苗寨就成了一片灯的海洋，可以看到苗寨呈现出来的那牛头的形状。观景台无疑是观看这美好夜景的最佳地点，此外，为了方便游客，这里还有观光车。

如果你厌倦了都市的喧嚣，想要在山水之间寻找一方清净，
那么就来西江千户苗寨吧。

攻 略

住宿 驴友力荐的住宿地

西江苗寨有很多吊脚楼客栈，可以住在这里体验吃农家饭、住农家屋的田园般的生活。住宿的地方有凯里西江悦来客栈（西江镇西江千户苗寨景区内）、凯里西江月大酒店（西江镇中心广场）、思君阁（西江镇西江千户苗寨景区南贵村）、凯里西江佳景客栈（西江镇西江千户苗寨景区核心区4号风雨桥桥头）、凯里西江天外天酒店（西江镇西江千户苗寨景区内）等。

美食 饕餮一族新发现

在西江苗寨，你不仅能吃到贵州当地的特色菜，如酸汤鱼、折耳根炒腊肉，还能吃到西江本地的苗王鱼。苗王鱼是苗家人款待客人的名菜，味美肉鲜，和烤鸭在北京的地位一样。另外，还有鼓藏肉、苗族米酒都是不可不尝的当地美食。

苗寨里吃饭的地方有很多，如醉美食尚（西江镇方街）、苗家飞歌大酒店（景区内1号风雨桥田园观光区旁），还有西江聚贤小酒馆全景餐厅、苗园食府、苗湘食府、和福餐馆等。

购物 又玩又买嗨翻天

在西江旅游购物，主要是买一些茶具、餐具及小木梳等，还有以芦笙为代表的竹乐器等。当然，不要忘记去蜡染坊买一些苗族蜡染，另外在主街上还能买到具有民族特色的银饰品。

行程推荐 智慧旅行赛导游

西江千户苗寨一日游：拦门酒—古街—西江苗寨博物馆—蜡染坊—观景台。

来到苗寨，苗寨人的热情在拦门酒上表现得淋漓尽致。之后，逛苗寨古街，购买苗族特色银饰，广场上有时候还会有精彩的表演。再来参观西江苗寨博物馆，更深地体会苗寨文化与历史。随ează去一家蜡染坊，可亲自看看蜡染制作的过程，买一些自己喜欢的蜡染，回去送朋友。最后去观景台一览西江千户苗寨的全景，夜景也不要错过。

西江千户苗寨的夜景美若画境。华灯初上，星星点灯，青山白云，交相辉映。

潕阳河风景区

群山倒影山浮水

微印象

@阿伟 潕阳河景色优美，风光独特，山势险峻，碧水长流。整个景区神奇迷离，令人神往。

@molly 我觉得潕阳河风景区除干流峡谷外，还有几条风光特别优美的支流峡谷，像梯级跌泉瀑布的高枯溪、九寨沟式钙华景观的小塘和与镇远相距不远的铁溪等，山水特别清幽，很值得去看看。

门票和开放时间
门票：40元，船票100元。
开放时间：8:00~17:00。

最佳旅游时间
春夏秋季节是最佳旅游季节。春季，百花开放，春意盎然；夏季可以来这里避暑，乘船游览潕阳河，既能观景又能悦心；秋季岸边的树叶变黄，秋高气爽，可以来潕阳河领略童话般的秋色。

进入景区交通
位置：黔东南州凯里市镇远县城西28千米处。
交通：镇远城区打车前往。

景点星级
美丽★★★★★　　休闲★★★★　　人文★★★★　　特色★★★★　　浪漫★★★　　刺激★★★

　　潕阳河风景区以潕阳河为轴线，穿越镇远县、施秉县城和古镇黄平田州，规划总面积为625平方千米，共有10个景区、246个景点，集自然景观、人文景观、民族风情为一体，堪称贵州东线旅游的中心。

　　风景区峡谷奇峰、云景水色颇为优美。喀斯特岩溶地貌奇观、平湖瀑泉、幽谷林海景观，古刹人文、天象生物等景观构成潕阳河风景区令人神往的绝色风光。潕阳河风景区分为上潕阳风景区与下潕阳风景区。此外，潕阳河峡谷群内还有相见河、白水溪、龙塘河、麻塘河等，这些小溪流被人称为"七湾十八汊"。除了河流之外，还有参差分布在山腰中的无数石穴，还有一些钟乳石，有的甚至洞开半壁，引人遐想。凡游览过下潕阳的人，都会被这里的幽谷、山色、水景所折服。

① 上潕阳风景区

　　虽然上潕阳不如下潕阳那么有名，但它两岸的林木更为葱郁，无数的石壁更像是精美的壁画。一路上极少能看到人家，只是醉人的美景从身边慢慢地后退，好像在世外桃源之中畅游。这里开发有头峡、无路峡、老洞峡、观音峡，长约50千米，以"太公钓鱼"石为标志。

　　上潕阳风景区位于施秉县西北部。上潕阳风景区有36道湾，时而岩高浪急，时而地阔波平；两岸悬崖峭壁，有数百米，但是航道却只有数十米，沿途能听见空山鸟语，"天生桥""穿洞"相连成串，溶洞也非常多。

② 下潕阳风景区

　　下潕阳风景区是潕阳河风景区的精华段，有诸葛峡、龙王峡、西峡、东峡四个峡谷，人们称之为"潕阳峡谷群"。两岸的飞瀑、流泉到处都是，但又各具风姿：大大小小、或粗犷或狭窄；有的一跌三宕，有的从山巅逐级而下，有的在谷中相互穿插；有些像挂珠帘，还有些像潺潺的琼浆。

　　孔雀开屏石是潕阳河的代表和象征。大小、高低各不同的两根石柱就在龙王峡下游的悬崖下面，石柱根部相连。柱顶与河面的相对高度大约有120米，高一些的柱子高54米，就像孔雀上翘的尾巴；小柱高40米，又像孔雀高高扬起的头。两个柱子形成了一只美丽的孔雀。

③ 龙王峡—西峡

　　虽龙王峡在相见河与潕阳河相交的地方，古时因为这里建有龙王庙，山边有龙王岩而得名。龙王峡的右岸有瀑布，呈三叠而下，注入潕阳河中，美其名曰"飞流三叠"。"一线天"是龙王峡的最窄处，河面宽30米，两岸高峰矗立，在这里抬头往上看，只能望见一线天空。而出了"一线天"之后就是高碑湖，这里又是潕阳河最宽的地方，宽200多米，两岸绿树丛林，又有苗村寨，田园风光美丽无限。

　　龙王峡下游是西峡，游玩龙王峡之后可以来这里看看。西峡两岸奇峰林立，沿途还有"卧虎石""青蛙岩"等景观。这里的瀑布也比较多，其中"飞水"高100多米，到了丰水季节，颇为壮观。

攻略

推荐夜游潕阳河，看看镇远古城美丽的夜色。傍晚时分，临河的屋舍都亮起大红灯笼，整整一片河岸，渐渐渲染出一片夜的媚眼，美得十分醉人。这时候登船夜游，可以看到江岸的万家灯火以及自己倒映的影子。游玩后回到古镇客栈，再来小酌一点淡酒，绝对会让你难以忘怀。

潕阳河风景区示意图

云台山　吉祥老人　甘溪　刘家庄　雄关　天后宫　铁溪
沙坪　卧佛山　天仙桥　白岩冲　石猴
施秉　瓮莲洞　象面山　瀑泉　火烧赤壁　石壁浮雕　龙王洞　双柱石　镇远　青龙洞
一线天　高碑　壁走人仙　潕阳河　西峡瀑布
骆驼峰　姐妹峰　鼎足峰　观音洞　孔雀开屏　马蹄岩　珠帘洞
涌溪

攻　略

食宿　饕餮一族新发现

潕阳河风景区的住宿有很多选择，如王府酒店、金源酒店、紫荆宾馆等。古城内有不少富有特色的宾馆客栈，如镇远古城悠然居宾馆江景分店（镇远县顺城街93号）、镇远古城客舍（镇远县顺城街96号）、永福荣客栈（镇远县兴隆街潕阳镇新中街）、镇远星空国际青年旅舍（镇远县河坝街46号）、镇远回娘屋酒店（潕阳镇共和街182号）。

潕阳河最有名的特产是白鲴鱼，香茅草烤鱼鲜香酥脆，微辣回甜，让人垂涎欲滴。

行程推荐　智慧旅行赛导游

潕阳河风景区一日游：哭夫岩—孔雀峰—龙王峡。

潕阳河分为上潕阳和下潕阳，你可以两个都游览，也可以只游览下潕阳。哭夫岩在上潕阳风景区，从不同的角度欣赏才能体会到它的美。孔雀峰是下潕阳的标志，也是整个潕阳河风景区最不能错过的部分。龙王峡的瀑布在丰水期也很壮观，有太阳的日子偶尔还能看到彩虹，也是拍照摄影的好地方。

镇远古城

中国山地贴崖建筑文化博物馆

微印象

@甜蜜宝拉 早就听说镇远与凤凰古城有几分相像，但在镇远，少了凤凰熙熙攘攘的叫卖声，多了些依稀仿佛昨日的那种风尘。

@苇菲筝 镇远古城是个发呆的好地方，潕阳河穿过古城，河上有很多渔船或作业或静泊，使整个古城灵动起来。石屏山、青龙洞、"歪门邪道"的古巷子、或方或圆的古井、深宅大院古港码头，到处都让人流连忘返。

门票和开放时间

门票：古城不要门票，青龙洞古建筑群60元，苗疆古长城30元，高过河风景区120元（漂流套票平日180元，7、8月份周末220元），铁溪风景区50元。

开放时间：全天开放。

最佳旅游时间

镇远古城的最佳游览时间是春夏相交的季节。这时候的气候最好，既不冷也不热，而且春暖花开，到处生机盎然。不管你是在古城悠闲散步还是静静小坐，都是极美的事情。

进入景区交通

位置：黔东南州镇远县潕阳镇。

交通：从镇远公交站或火车站出来坐1、2、3、4、5路公交车在农行公交站下，步行约230米即到。

景点星级

美丽★★★★★　　休闲★★★★★　　人文★★★★　　特色★★★★　　浪漫★★★　　刺激★★★

镇远古城位于潕阳河畔，周边都是山，是中国目前保存最为完好的四座古城池之一。潕阳河以"S"形穿城而过，把古城分为两部分。北岸是旧府城，南岸为旧卫城，是一处山雄水美之地。

镇远古城的建筑风格为青砖黛瓦、雕梁画栋，甚至可以说这里的每一块青石板与青砖都承载着古镇的千年沧桑。这里有明清古民居、古巷道、古码头、古城垣等160多处，长期以来，中原文化、地方民族文化、域外各国文化在这里交融，形成了这里的独特文化，有"传统文化迷宫"之称。

镇远古城示意图

攻略

镇远古城每年的端午节都会有龙舟比赛，从早上一直比赛到下午。竞争激烈时，沿河两岸欢呼声响彻石屏山。到了晚上，人们又进入端午节的狂欢之夜。从各乡村赶来的民族文艺表演队与城关各文艺队会进行各种演出。大展演在镇远古城中的府城石板街举办。除了划龙舟这项重头戏外，还有游江、抢鸭子、吃粽子、电影晚会等精彩活动。

① 祝圣桥

祝圣桥在镇远古城的尽头，原名为"溪桥"，后来因为给康熙大帝祝寿，改为"祝圣桥"。它长135米，宽8.5米，高14米，是贵州，甚至是西南比较长的一座桥。祝圣桥全由青石造成，建于明朝，后来因为山洪，桥身被冲毁，后又重建，雍正年间才完成。所以，就出现了桥墩建于明朝而桥身建于清朝的有趣典故。

祝圣桥上有一座"状元楼"，又叫"魁星阁"，据说此楼建成10年后，贵州竟然出其不意地出了两个状元。这样一座桥拥有的文化内涵，以及在漫长的时间中所起的作用，都让人们对其充满了好奇。

攻略

1. 这里的夜景不错，可以晚上到这里欣赏五彩缤纷的灯光。
2. 桥上的风景很好，在这里照相的人不少，可以拍到完整的古城两岸，很有气势。
3. 桥上有时候会有一些地摊小贩卖吃的以及一些工艺品，价格不高，可以买回一些作纪念。

② 青龙洞

青龙洞就在镇远古城东面的中和山上，走着过去一会儿就到了。青龙洞古建筑群始建于明洪武二十一年（1388年），续建完成于清初，是中国古代三大空中建筑之一。此建筑群占地面积21000多平方米，由青龙洞、紫禅书院、中禅院、万寿宫、祝圣桥和香炉岩等组成，既有寺庙，又有宫观和祠庙，集佛教、道教、儒教三教合一。青龙洞堪称江南汉地建筑与西南少数民族山地建筑文化相结合的典范，有"西南悬空寺"之称，是贵州省规模最大的古建筑群。

　　整个建筑群重重叠叠，参差不齐，远观如临海市蜃楼，好像到了蓬莱仙岛一般。建筑布局五步一楼，十步一阁，集多民族多地区的建筑艺术之大成，精致典雅。这些古建筑依山因地，采用了"吊""借""附""嵌""筑"等多种工艺，硬是在悬崖上筑出了中元洞、紫阳洞、青龙洞、万寿宫等各种景观。

> **点赞** 👍 @感恩与赞美 如果你是第一次听到青龙洞，会不会认为在贵州又多了一个溶洞呢。但事实上，青龙洞是一片古代建筑群，几十座古建筑都集中在中河山的狭长悬崖地带间。远远看去，这里就像一幅挂在㵲阳河畔的山水画卷。

❸ 和平村

　　和平村在镇远卫城十字街东侧五云山下，是国民党政府军政部第二日军俘虏收容所。村前有巷道与卫城相连接，后面是五云山。至今，这里仍然保留着当年"和平村"半圆拱形大门和高高的围墙。此外，还恢复了新生班、研究班、训练班、哑子室、职员室，供游客参观。

故事

　　当年，和平村先后关押的日军俘虏有 600~700 人。这些人后来受到中国共产党抗日民族统一战线政策和优待敌军俘虏政策的影响，思想上已经有了一些软化。一些日军俘虏成立了"在华日本人民反战同盟和平村工作队"。这些人在日本军队中进行反战宣传，起到了瓦解日军的作用。

❹ 高过河风景区

　　高过河风景区位于镇远县北部腊村境内，是一处充满野趣神韵的处女地，享有"休闲胜地，度假天堂"的美誉。风景区以高过河为轴线，漂流河段全长大约 10 千米，落差 200 米左右。最吸引人的是河两岸保存完好的原始森林，这里人迹罕至，没有城市的喧嚣，是度假避暑、寻古探幽的复合型景区。

攻略

　　1. 这里的漂流惊险刺激，极具挑战性，漂流的河段老少皆宜。这里沿途风景好、漂程远、落差大、水质好、险滩多的特点，游人到此一定要感受下。

　　2. 可以到三й村走一走，这里是由侗寨、苗寨、土家寨组成的民族风情村，可谓是苗、侗、土家风情文化和歌舞艺术的展现中心，每天晚上有大型水幕电影、篝火晚会，大可来这里体验一个载歌载舞的难忘夜晚。

住宿 驴友力荐的住宿地

镇远县的住宿很方便，既有比较好的星级酒店，还有一些家庭旅馆，如日月国际大酒店（镇远县平冒街）、府城宾馆（镇远县㵲阳镇兴隆街）、苗乡楼（镇远县步行街祝圣桥铁西街24号）、镇远临水而居家庭宾馆（镇远古城花园小区）、镇远桃源宾馆（镇远县顺城街大公厂）等。

美食 饕餮一族新发现

镇远古镇的美食有很多，比如酸汤鱼、豆花火锅、镇远特色火锅、苗家炸辣蟹、红酸汤、袁家嫩豆腐、腊肉火锅等。

古镇内有很多特色餐厅，如落香河岸酒家（镇远县顺城街313号）、袁家豆腐（镇远县兴隆街禹门码头旁）、苗乡缘土菜馆（镇远县新大桥上游80米）、醉酒江湖本地特色（镇远县河坝街35号新大桥上游80米）等。

购物 又玩又买嗨翻天

镇远有名的特产有牛肉干，耐咀嚼，久存不变质；猕猴桃干，酸甜可口，营养丰富，老少皆宜；姜糖，闻着喷香，咬着酥脆；还有一些苗族银饰、报京侗族刺绣、天印贡茶、陈年道菜等也都是购物的上好选择。

行程推荐 智慧旅行赛导游

镇远古镇一日游：青龙洞—和平村—高过河风景区。

在镇远古镇的中心街上游览完之后，可以去观赏世界贴崖古建筑奇观——青龙洞建筑群，这里集儒、道、佛三家宗教于一体；之后走进全国爱国主义教育基地——和平村，了解历史；之后乘车赶往高过河景区，不管是漂流还是徒步穿越高过河大峡谷，终点站都是小坝电站，在那里乘专车回到镇远古镇。

梵净山

中国著名佛教名山之一

@啦啦啦 梵净山之所以出名，一是因为传说中是弥勒菩萨的道场；二是因为它拥有近8000级台阶，非常挑战人的体力。

@蝶芦香季 梵净山纯净得让人忘了呼吸，这里遍山皆树，满眼是绿，繁花争艳，鸟兽和鸣，一幅天然画卷。置身此山中，俨然画中行。

门票和开放时间

门票：100元。

开放时间：8:00~19:00。

最佳旅游时间

游览梵净山的最佳季节是4~5月，这时候山上有漫山遍野的杜鹃花，十分漂亮。而到了农历八月十五前后，天气一般比较晴朗，此时看日出、欣赏日落的美景极佳。

进入景区交通

位置：铜仁市江口、印江、松桃三县交界处。北门在印江土家族苗族自治县张家坝入口，南门在江口县黑湾河入口。

交通：旅游旺季的时候，铜仁汽车北站有很多前往梵净山的班车。淡季可在印江汽车站或江口汽车站乘车前往梵净山。

景点星级

美丽★★★★★　休闲★★★★　人文★★★★　特色★★★　浪漫★★★　刺激★★★

梵净山原名"三山谷"，是一座具有2000多年历史的文化名山，也是全国著名的弥勒菩萨道场。它浓缩了山川、田园、河流的精华，同时又凝聚了天地的灵气，像一颗宝贵的珍珠一样散发出迷人的光彩，在黔东大地闪烁着耀眼的光芒，是西南一座具有两千多年历史的文化名山。

梵净山是武陵山脉的主峰，海拔2572米。全境山势雄伟，层峦叠嶂，坡陡谷深，溪流纵横。古老地质形成的特殊地质结构，成就了它千姿百态的地貌景观。

梵净山不仅有原始的自然美景，还有非常丰富的野生动植物资源。进入山区完全找不着人工景色的痕迹，其主峰"蘑菇石"是一道景观。此外，其他主要的景点还有万卷书、金刀峡、剪刀峡、红云金顶、太子石等。

❶ 护国寺

护国寺是明代万历年间的四大皇庵之一，距金顶15千米，也是梵净山上最大的寺庙。护国寺背靠狮子崖，整个寺庙群都是木结构的，建筑精美，雕梁画栋，有典型的南方民族建筑风格。

护国寺共有三进殿堂，前面有五间玉皇殿，两侧各有两间配殿。中进是七间正殿，后进为观音殿。寺内题咏、楹联有很多，以荣获慈禧嘉赏的著名书法家严寅亮所书的正殿长联及匾额最为珍贵。

历史小知识

护国禅寺历史悠久，始建年代有待于考证。2003年初，护国寺原址中出土了一大批明万历三年（1575年）时的寺庙文物，主要有药师佛的宫毗罗等十二药叉神将、古碑等。它们大部分都是绿砂石造的，造型生动，栩栩如生。这些出土文物证实了400多年以前修复梵净山时的盛况，可见护国寺在当时的规模就已经很大。

❷ 棉絮岭

棉絮岭是西上梵净山的汽车终点站，西线徒步就在这里出发。棉絮岭海拔2000米，站在这里，可以看到新金顶、老金顶与凤凰山。此外，还可以看到梵净山一大奇观——万米睡佛，光佛头就有三个，坐佛两尊，整座佛长达万米，为世界之最，极像大肚弥勒。可谓山是一尊佛，佛是一座山。

解说

棉絮岭原来是高山沼泽，也是当年朝山路上最险要的去处，经过这里的朝山香客都要对佛先进行祈拜，所以又叫作拜佛台。这里竹林如草，紫雾若纱。踩在这里，就好像是踩在棉絮上。站在这里，可以隐隐约约眺望到红云金顶的雄姿。

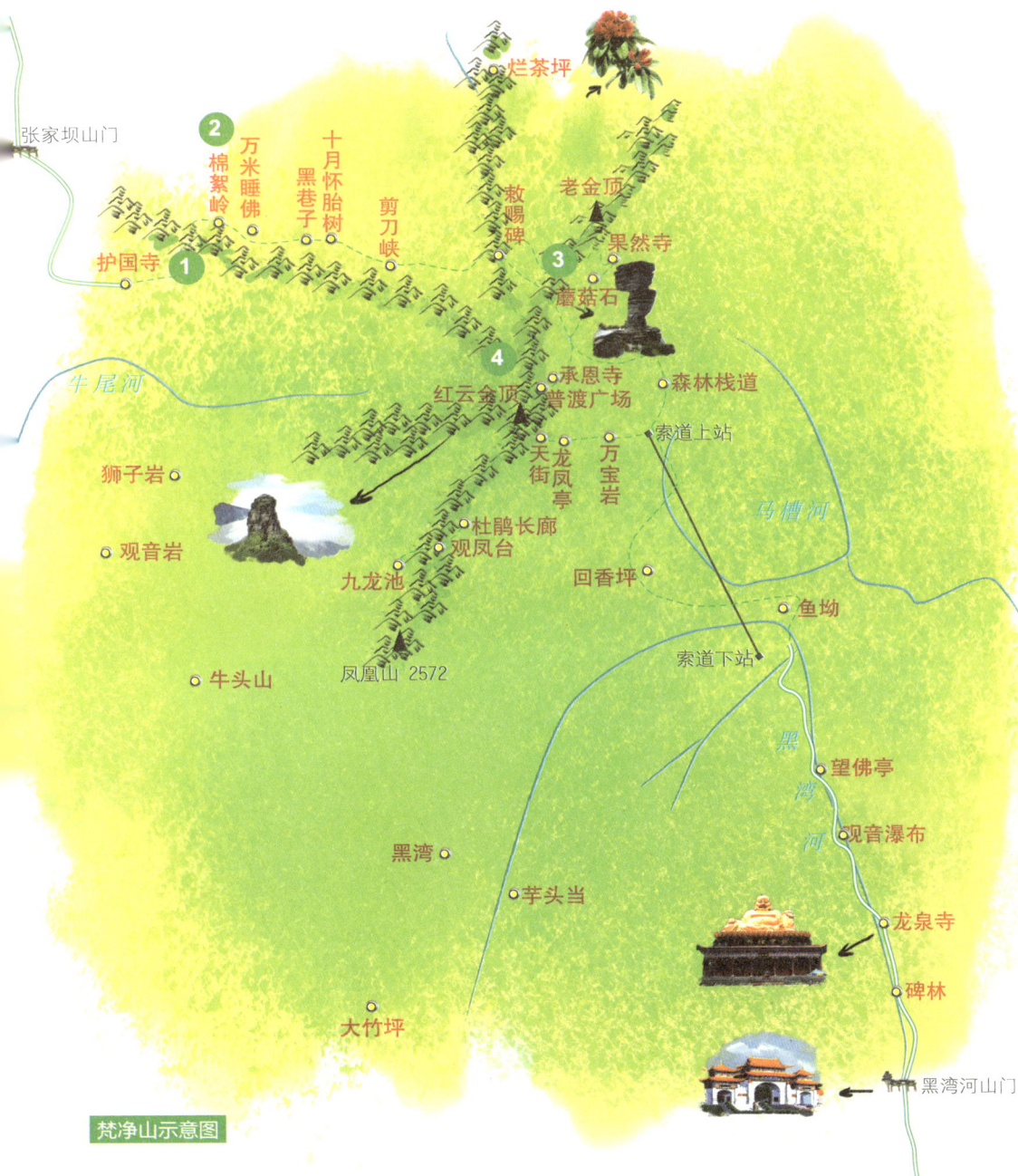

张家坝山门

② 棉絮岭

万米睡佛

十月怀胎树 黑巷子

剪刀峡

烂茶坪

老金顶

救赐碑

果然寺

① 护国寺

③

蘑菇石

牛尾河

④ 红云金顶

承恩寺 普渡广场

森林栈道

索道上站

狮子岩

天街 龙凤亭

万宝岩

马槽河

观音岩

杜鹃长廊 观凤台

回香坪

鱼坳

九龙池

索道下站

牛头山

凤凰山 2572

黑湾河

望佛亭

观音瀑布

黑湾

芋头当

龙泉寺

碑林

大竹坪

黑湾河山门

梵净山示意图

145

❸ 蘑菇石

　　蘑菇石是梵净山的象征，位于梵净山山顶，上大下小，形状很像蘑菇。它高约 10 米，顶上一块斗状的巨石置于一根较细的石块上，看上去上面的那块石头好像要掉下来的样子，"一触即倾"是形容它的最好词语。但是，事实上它却非常结实，而且已经有 10 亿年以上的历史了。

❹ 红云金顶

　　红云金顶海拔近 2500 米，是梵净山的最高峰，因红云经常围绕着金顶的四周而得名。金顶上半部一分为二，由天桥连接两端。两边各建造了一座庙，一座庙中有释迦佛，另一座庙中有弥勒佛。金顶的形状很像二指禅，更像人类的生命图腾。攀铁索而上，四面都是悬崖峭壁、古庙摩崖。中间会经过灵官殿、龙头石，到达绝壁上的一处石穴，名叫观音洞。依山悬空建成石屋，里面有观音菩萨。石屋下面是万丈深谷，十分险峻。金顶周围风景点还有万卷书、蘑菇石、老鹰岩等奇特的景观。

| 故事 | 金顶的传说 |

　　相传金顶本来是一个整体，释迦牟尼佛与弥勒佛同时看中了它，都有想在这里打坐修行的意思。燃灯古佛看到如此情形之后，手执金刀把金顶一刀劈下，整个金顶便断成了两半。于是，就成了现在释迦牟尼居左、弥勒佛居右的情形。

小贴士

　　·有很多人误认为蘑菇石与万卷书是同一个景点，这是不正确的。事实上，万卷书是一座巨大的石崖，由层层叠叠的页岩堆积而成，就好像是万卷书籍一般。不过，这两处景点距离也不远，可以同时欣赏。

攻略

景区交通　游遍景区不犯愁

梵净山有观光车与索道，建议体力不是很好的游客乘坐。观光车票单程9500千米，10元/人，往返20元/人；索道票单程距离3455米，上下落差1193米，单程70元/人，往返140元/人。

住宿　驴友力荐的住宿地

梵净山附近有很多可以住宿的地方，不仅干净卫生，而且性价比高，步行就能走到。如梵净山天福大酒店（位于黑湾河梵净山山门商业街A2栋），融合了新派中式风格和民族风情，拥有美食餐厅、便利特产超市、休闲吧、多功能会议厅、空中花园等，还配套了观光电梯等；梵净山书香铭院民宿（位于太平镇梵净山村大河边组售票大厅东100米），具有超大私享后花园和水上餐厅，给人一个超然的享受；此外，还可以选择的有梵净山梵语精致酒店、梵净山静随居民宿、梵净山梵星悟雨民宿、梵净山归然居轻奢民宿等，环境清新怡然，给人一种家的享受。

美食　饕餮一族新发现

梵净山有著名的美食——牛干巴，制作好的牛巴排列于架上，颜色好像栗子壳，有淡淡的香气。另外，江口豆腐干、豆花面、盐酸菜与恋爱豆腐等也是当地的特色美食。江口豆腐干吃法有很多，可以直接用来下酒，还可以用油炸酥。豆花面据说是江口人的独创，把面条浸在豆浆里，再盖上白嫩的豆花，之后再蘸上佐料吃。盐酸菜以优质青菜为主要原料，成品香气扑鼻，色泽鲜艳，辣中有甜，清香脆嫩。恋爱豆腐就是烤豆腐果，由豆腐、辣椒、姜、葱、蒜等各种作料而成，卤辣嫩烫，满口喷香。

品尝当地美食可以到新都百味坊食府（江口县梵净山风景区左侧）、梵净农庄（距江口县梵净山游客中心300米）等地。

购物 又玩又买嗨翻天

梵净山的主要特产有苗绣、猕猴桃、梵净山茶叶、紫袍玉带石、玉屏箫笛等。苗绣有很多种类，如绣花帽、绣花鞋、绣花衣、绣包被等，但现在最常见的是绣花鞋垫，可以买几双带回家。紫袍玉带石以紫色为主体，绿条相间，还伴有其他色彩，质地致密细腻，观赏价值很高。

行程推荐 智慧旅行赛导游

梵净山一日游：棉絮岭—红云金顶—蘑菇石。

乘车到达棉絮岭之后，就可以在这里开始登山了。沿途会经过8000多级台阶，不要背太多东西上山，否则极有可能受不了爬山的艰辛。登上山顶之后，你会看到壮观的红云金顶以及蘑菇石，当然还有万卷书和护国寺可以游览。

特别提示

❶ 梵净山从山脚下到山顶共有8000多级台阶，如果是一路徒步的话，相当累，一般人至少也得爬5小时，体力不好的话，建议直接在江口坐索道。

❷ 如果打算徒步登山而同时想到达山顶，最好前一天在梵净山附近选择一家旅店入住，第二天早点起床再爬山会省很多时间和体力。

雪后的梵净山，冰雪覆盖在巨石上、树枝上，宛若童话世界。

遵义会议会址

红色革命圣地

微印象

@molly 遵义会议会址是幢砖木结构、中西合璧的两层楼房，现在看到的都是复原的。如果你很熟悉当年那段历史，见到此景之后，心中应该是热血沸腾的。个人觉得不管是否对历史感兴趣，只要是来遵义，这里就是必须去的。

@旅驴 遵义是红色教育圣地，这里是见证了中国革命的一个关键转折点。

门票和开放时间

门票：免费。

开放时间：8:30~17:00。

最佳旅游时间

遵义会议会址是个人文性很浓厚的景点，所以受季节影响不大。遵义冬无严寒，夏无酷暑，一年四季皆可游览。

进入景区交通

位置：遵义市红花岗区子尹路96号。

交通：乘坐7、9、18路公交车可达。

景点星级

人文★★★★　休闲★★★　美丽★★★　特色★★　浪漫★★　刺激★★

遵义会议会址是一座中西合璧、砖木结构的两层楼房，也是遵义20世纪30年代最宏伟的建筑。1935年1月15日至17日，就是在这座楼上，中央政治局召开了著名的遵义会议，事实上确立了毛泽东同志在党中央和红军的领导地位。

整个建筑分主楼、跨院两部分。主楼四周有回廊，楼房的檐下柱间有11个券拱支撑；楼上有梭门、梭窗，各房间都有壁橱。主楼的房间总共有12间，楼上、楼下各6间，主要有遵义会议会议室、军委总参谋部办公室，周恩来、朱德、康克清、刘伯承的办公室兼住室等。

遵义城区示意图

链接　遵义会议文物价值

遵义会议会址内的陈列馆、会议室、革命文物、历史资料、历史照片，是为了让后人对革命先烈勇于斗争、百折不挠、不怕牺牲的革命精神有着深刻的了解，了解这段艰苦卓绝的二万五千里长征中的遵义会议、四渡赤水出奇兵等红色历史来继承和发扬遵义会议革命传统，让我们了解今天的幸福生活来之不易。

❶ 遵义会议会议室

遵义会议会议室是遵义会议召开的旧址，就是2楼东走道的小客厅，面积大约27平方米。会议室呈长方形，室内陈设基本按当年开会时的情形布置。屋子正中悬挂着一盏洋员灯，东面有一只挂钟和两个壁柜，这两个都是原物。中央陈列着一张当时开会用的板栗色长方桌，四周共20只木边藤条折叠靠背椅，桌子下面还有一只烧木炭的火盆，是用来取暖的。

链接　遵义会议的意义

遵义会议事实上确立了毛泽东同志在党中央和红军的领导地位，开始确立以毛泽东同志为主要代表的马克思主义正确路线在党中央的领导地位，开始形成以毛泽东同志为核心的党的第一代中央领导集体，开启了党独立自主解决中国革命实际问题新阶段，在最危急关头挽救了党、挽救了红军、挽救了中国革命。这在党的历史上是一个生死攸关的转折点。

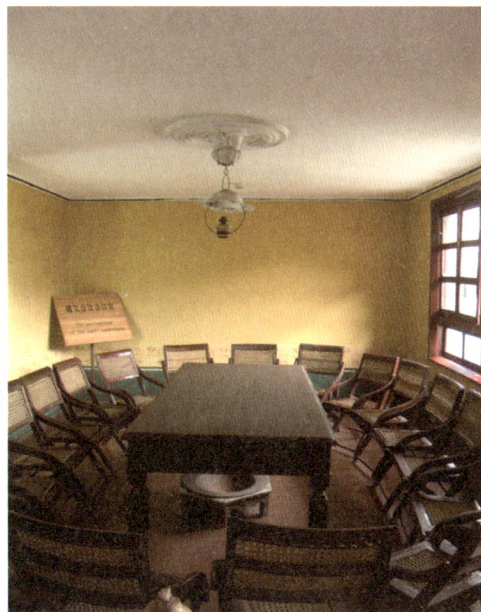

❷ 军委总司令办公室

军委总司令办公室就在遵义会议会议室正对的楼下，面积有56平方米。这间办公室由两间长方形的房间组成，中间还有一道可以折叠的六合门。屋子正中间有两张黑漆大方桌，桌上有铁座马烟、订书机、中华苏维埃共和国革命军事委员会信、20 世纪 30 年代的中国分省地图册以及《陈中日记》等。屋子的西窗下陈列着两张三屉桌，桌上置西部皮包电话机，桌下立着线拐子。东窗下陈列着一对灰褐色的铁皮公文挑箱。北壁上陈列着一幅巨大的云、贵、川三省接壤地区的军用地图。当年，周恩来、朱德、刘伯承等老一辈革命家经常在这里办公，将红军引向胜利的道路。

③ 遵义会议陈列馆

遵义会议陈列馆在遵义会议召开 80 周年后建成，2015 年 1 月正式对外开放。这座陈列馆总建筑面积有 19054 平方米，以红军长征为主线，以遵义会议和四渡赤水为重点，分为战略转移、遵义会议、四渡赤水、胜利会师、永放光芒 5 个部分。有关文献、图片、实物及场景真实再现，配合着雕塑、绘画、景观、模拟、多媒体等现代技术手段，把观众切实地带到那一段波澜壮阔的历史当中。

攻略

遵义会议陈列馆距离红军总政治部旧址不远，可以一起参观。旁边还有一座天主教堂，是 1985 年的时候政府重建的，原天主教堂是红军的总政治部机关，陆定一、贾拓夫等曾经住在那里。还可以多走一段路程去毛泽东旧居看看。

攻 略

住宿 驴友力荐的住宿地

遵义会议会址在遵义市区里，周围有很多住宿的地方，如7天连锁酒店遵义珠海路店（遵义市珠海路还房小区）、华雅酒店（遵义市红花岗区解放路57号）、坪丰酒店（遵义市红花岗区北京路132号）、京腾丽湾酒店（遵义市大连路与火车站交会处）、佳乐家酒店（遵义市大连路与北京路交会处）等。

美食 饕餮一族新发现

贵州素有"吃在遵义"之说，遵义的特色菜有许多野菜，如龙爪肉丝，所谓"龙爪"，是贵州山上出产的一种蕨菜；还有折耳根炒腊肉，"折耳根"即中药里的鱼腥草。此外，遵义还有很多特色小吃，大多有上百年的历史，如羊肉粉、豆花面、遵义鸡蛋糕、黄糕粑等，每一样都很解馋。

行程推荐 智慧旅行赛导游

遵义一日游：遵义会议会址—遵义会议陈列馆—红军烈士陵园。

先去遵义会议会址，这是一处承载着中国革命历史的重要遗址；可以再去遵义会议陈列馆游览，这里的文献、资料等比较齐全地再现了当时的历史场景。之后去参观红军烈士陵园，它在遵义城区湘江河畔风景秀丽的凤凰山南麓小龙山上，距会址有11千米，可以打车前往。

茅台古镇

中国第一酒镇

微印象

@又是一年 一进茅台镇，一股酱香型烤酒的味道弥漫全镇，据说全镇有200多家做烤酒的作坊。也许就连这里的苍蝇都会有些酒量吧。

@百草园 国酒文化城诉说的是一段悠长的历史和独具特色的传统文化。在历史面前，我们感受到的是时光的绵延、文化的传承、人类的智慧。

@辉常快乐 国酒文化城展示了茅台酒的酿造，还向世人展示了中国上下五千年的酒文化及历史渊源。

门票和开放时间

门票：国酒文化城30元。

开放时间：8:00~17:30。

最佳旅游时间

4~10月是游览茅台古镇的最佳时间。这时候天气比较好，温度适宜，春天可赏花，夏天可以避暑，秋天秋高气爽。

进入景区交通

位置：遵义仁怀市茅台镇。

交通：从遵义忠庄客运站乘车前往仁怀汽车站，换乘98路公交车可到茅台镇。

景点星级

人文 ★★★★　休闲 ★★★★　特色 ★★★★　浪漫 ★★★　美丽 ★★　刺激 ★★

茅台古镇坐落于赤水河畔，依山傍水，国酒茅台就在这里生产。在世人眼中，这个古镇比茅台酒似乎还要神秘上百倍。1915年，茅台酒在巴拿马万国博览会上获得金奖，茅台酒走向了世界。与此同时，茅台古镇也誉满全球，它集古盐文化、长征文化和酒文化于一体，被誉为"中国第一酒镇"。

茅台古镇饱经沧桑，镇口矗立着一座雄伟的镇门，上书"中国第一酒镇镇门"。镇门后大约50米的地方有被茅台当地尊为神树的"茅台神树"，这棵大树虽然已有近千年的历史了，但仍然枝叶茂盛。再往前行100米左右就是茅台迎宾大道，宽阔气派。十字路口处右边是茅台古镇的南坳社区，左边是茅台酒厂新大门，这里就是茅台古镇的中心区了。这里有古色古香的苏州园林风格的建筑，空气中还不时飘来酒香，让人沉醉，出产的茅台酒是大曲酱香型白酒的鼻祖，具有悠久的历史。

❶ 茅台天酿景区

　　茅台天酿景区位于茅台镇河对面的西山公园山顶，是集灯光索道、剧场演艺和观景平台为一体的大型综合性景区。

　　《天酿》剧场位于西山公园山顶，剧场外专门设置超大观景平台，可一览茅台古镇和茅台酒厂的景象。大型实景演出《天酿》，以演绎茅台千年酱香文化为主题，时长约75分钟，采用声、光、电、全息投影等现代高科技技术，演绎以酒为媒的传奇故事，能够让游客通过视觉、嗅觉、听觉等360度沉浸式体验酱香酒古法的酿造过程。

　　灯光索道全长1000米，单向运行时间约17分钟。轿厢共104个，每个轿厢可乘坐4人，每小时运载约700人左右。每个轿厢均搭配不同主题的灯光，营造出浪漫而温暖的气氛，乘坐索道可一览茅台古镇和茅台酒厂的全貌。

❷ 茅台渡口

　　茅台渡口是指茅台镇的上、中、下三个渡口。河东岸红军三渡赤水河处有座小碑，记载了当年红军在这里渡河的情况。西岸河边下渡口的台子上有红军"茅台渡口"纪念碑。过茅台河大桥就到了红军四渡赤水纪念园，纪念园的高坡山上有一座"红军四渡赤水纪念塔"。塔高 25 米，象征着红军二万五千里长征，塔身由 4 片形似浪柱的建筑依次错位而成，突出纪念塔的主题——四渡赤水。

链接　四渡赤水

　　四渡赤水河战役历时 3 个多月，是中央红军创建川黔边根据地、川滇黔边根据地中在赤水河流域所进行的运动战战役。在这些作战中，毛泽东充分利用敌人的矛盾，灵活作战。发现敌人的弱点时，他立即抓住有利战机，集中兵力歼敌，取得了战略转移中具有决定意义的胜利。

❸ 国酒门

　　国酒门位于盐津河大桥的东边，是出入茅台镇的门户。国酒门为中国古典城楼式建筑，两侧各有 1 根华表，1 殿 2 亭 4 重檐，游客可以到门楼上观光游览。远远望去，整个建筑高大气派，象征着国酒茅台源远流长的历史。

攻略

　　在国酒门东侧的小山上有一个世界上最大的、高达 7 层楼的茅台酒瓶，被誉为"天下第一瓶"。这只酒瓶高 31.2 米，直径 10.2 米，瓶内有螺旋楼梯可以登高环眺。如果有时间有机会，一定要登上旋梯俯瞰茅台古镇。

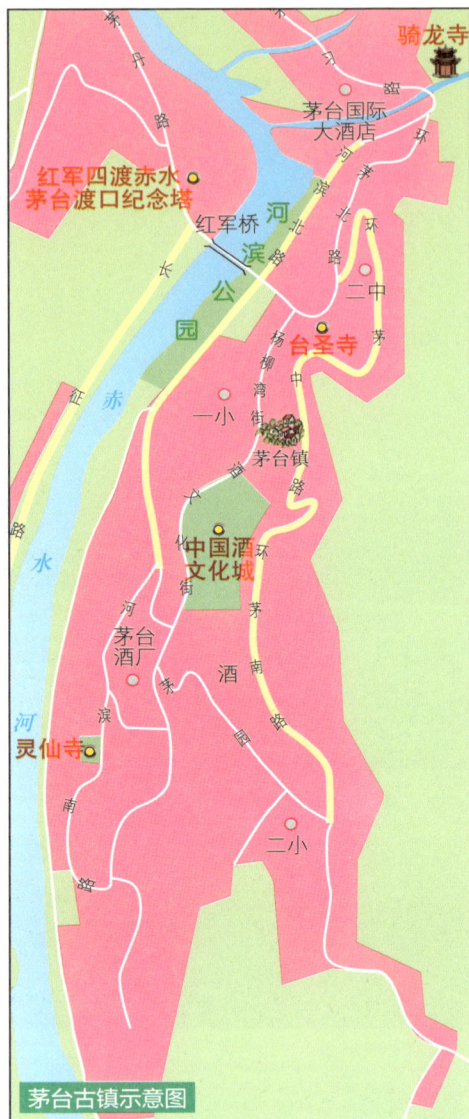

茅台古镇示意图

❹ 中国酒文化城

　　中国酒文化城其实是茅台酒厂的一个酒文化博物馆，是集观光、休闲、教育、体验为一体的旅游目的地。这里建有一座仿古宫殿式院落，是目前世界上规模最大的酒文化博览馆。

　　城内建有汉、唐、宋、元、明、清、现代及规划展示 8 个展馆，收藏匾、书画、文物作品 5000 多件，全面展示了源远流长的中国酒文化和国酒茅台的历史文化。这里按照主题分为中国酒源馆、中国酒技馆、中国酒韵馆、中国酒俗馆、中国酒器馆、国酒茅台馆、醉美茅台馆、中国名酒馆、世界名酒馆，通过景观复原、文物展陈、多媒体影片、交互游戏等国际主流展览手段，全方位、立体地展示中国酒文化与国酒茅台的光辉历程。

攻略

　　这里陈列了与酒相关的史料和茅台酒的发展历程，在后面的办公楼里还陈列有实物展品以及相关活动的照片。游人不仅可以参观以了解酒文化和茅台酒发展的历史，还可以顺便买点茅台酒带回家。

攻略

住宿 驴友力荐的住宿地

茅台镇虽然很小，但是住宿却很方便。古镇中现在有多家招待所和宾馆，以"国酒"命名的宾馆、酒店有很多。条件比较好又富有酒乡特色的宾馆是茅园宾馆（茅台镇茅台酒厂内）。此外，这里也有很多农家乐可供选择。

美食 饕餮一族新发现

茅台镇最有名的特色食品是合马羊肉、三把鸡。近年来，当地还推出了清炖、煎炒、粉蒸、凉拌、烧烤、红油等羊肉全席。三把鸡是当地的传统名菜，因厨师能三把拔去一只鸡的全部大羽毛而得名。更加神奇的是，烹制三把鸡的时间只需要3分钟，瞬间就能把一只活鸡变成香鲜可口的辣子鸡丁。除此之外，这里的烟熏香肠、黄糕粑、羊肉粉、赤水河鲜鱼筵等也十分美味。

购物 又玩又买嗨翻天

在茅台古镇旅游，最不可错过的就是美酒了。除了国酒文化城生产茅台酒之外，茅台古镇中到处都是卖茅台酒的小商店或者工厂。有散装的，也有瓶装的，种类不同，价格也不相同。当然，你也可以在这里买到董酒、珍酒、小糊涂仙、鸭溪酒等其他名酒。

行程推荐 智慧旅行赛导游

茅台古镇一日游：国酒门—国酒文化城—茅台渡口—赤水河。

可以用半天的时间来游览国酒文化城，游览之前，自己最好先提前了解茅台酒的相关知识。在茅台渡口，你可以感受当时红军四渡赤水的壮观场面，红军四渡赤水纪念塔将这一战役展现得淋漓尽致。此外，这里还有赤水河畔最大的摩崖石刻汉字——美酒河、最大的实物广告茅台酒瓶可以欣赏。

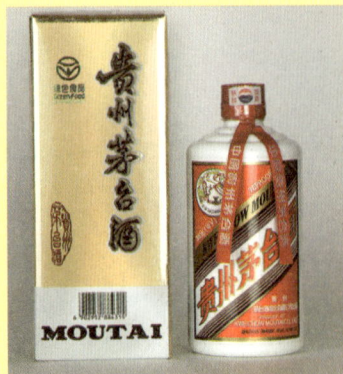

土城古镇

被誉为长征路上的红宝石

@爱吃的小可爱 土城古镇真的很棒，很安静，人也比较少，生活气息很浓，是我见过的最干净的古镇，园林绿化设施齐全，沿赤水河有自行车道，沿河走大概20分钟就能逛完，亭台楼阁很有味道。但是古镇里面能逛2个小时，有故居，有博物馆，配套很棒。客栈也很有特色，超值的感觉，估计夏天来更好玩。值得推荐的好地方。真的很干净整洁，大爱啊！

@半饮浮生半月光 人家都说红色景点没什么好玩的，但是这个古镇给人的感觉却是超乎预期的。首先，商业化不重；其次，还原本土文化，而不是跟很多古镇、古城似的，满世界复制，没有自己的特色。

门票和开放时间

门票：70元。开放时间：8:00-17:00。

最佳旅游时间

到古镇游玩以春秋两季为佳，此时天气没那么热，走在古镇上特别舒服。

进入景区交通

地址：遵义市习水县土城镇380县道。

交通：在遵义茅草铺汽车站乘坐班车可到，也可乘坐到赤水的班车，在习水县下，约4小时车程；或者在习水县城西车站乘坐习水—土城的班车至土城镇，约45分钟车程。

景点星级

人文 ★★★★　　休闲 ★★★★　　特色 ★★★★　　浪漫 ★★★　　美丽 ★★　　刺激 ★★

土城古镇位于贵州省遵义市习水县西部，是一座千年古镇，春秋战国时期为古习国所在地，汉代建县、唐宋建州，距今已有7000多年的历史，元末明初时，街民在改造房屋时发现了大量的土城墙，故名"土城"，2005年被原国家文化部评为中国历史文化名镇。

土城古镇是四渡赤水之战的主战场。红军长征时曾经过土城，世界军事史上最著名的战例——四渡赤水的"第一渡"就发生在土城，土城因此被誉为长征路上的红宝石、地球红飘带上的明珠，是"全国十大红色旅游景区"和"全国30条红色旅游精品线"之一。

土城是一座因盐运而兴起，全国红色场馆最多的小镇，主要景点有四渡赤水纪念馆、中国女红军纪念馆、一渡赤水纪念园、青杠坡战斗遗址、四渡赤水实景实战体验园、红军医院纪念馆、青杠坡烈士陵园、一渡渡口纪念碑、毛泽东旧居陈列室、周恩来旧居、朱德康克清旧居陈列室、耿飚长征陈列室等，还有黄金湾汉代遗址、十八帮博物馆、赤水河盐文化陈列馆、贵州省航运博物馆、千年古镇博物馆、赤水河航运历史展览馆、春阳岗酒窖遗址馆、宋窖博物馆、中法艺术家作品展览馆、习酒博展馆、飞鱼部落水世界等，光看这些名称，就让人目不暇接，游逛起来更是尽兴。

这里还有保存最完好的中亚热带常绿阔叶林与独特的丹霞地貌，形成了红绿共舞的奇观，是度假休闲、科学考察、寻幽探险的理想之地。此外，滋州商埠、九龙屯驿站、土城华润希望小镇给游人提供的贴心的现代化服务，尽展土城古镇的别样魅力。

解说

当你走进土城古镇时，首先映入眼帘的便是一排排带着浓厚历史韵味的街巷，石板街很长，在这里，有翻修改建的客栈、老茶馆、餐馆、书吧与大大小小的各种博物馆等，与古镇风格浑然一体。青砖、黛瓦、马头墙、石板路，再加上各家各户挂在门梁边的店号，让古镇充满了独特的魅力。此外，土城古镇传统的龙灯、花灯、狮灯、秧歌、龙舟赛活动，更令这座小镇古韵犹存。

攻略

在景区中，想要食宿都舒服，建议你选择滋州商埠和九龙屯驿站。滋州商埠是与古镇景区密切关联的功能区，包括精品客栈、特色商业购物、美食区、精品餐饮休闲区、临河酒吧娱乐区、文化博览体验区等；九龙屯驿站也同样可以提供餐饮、休闲等服务。

① 四渡赤水纪念馆

四渡赤水纪念馆位于土城镇长征街，是土城的重要组成部分。纪念馆占地面积7710平方米，其建筑风格为黔北民居式。馆内共九个展厅，采用雕塑、油画、图片、文字、实物相结合的方式，综合运用了声、光、电等技术手段，生动地再现了毛泽东及其战友率领中央红军3万余人四次飞渡赤水河，摆脱了40万敌军围追堵截，实现战略转移的历史画面。

小贴士

1. 建议游客朋友参观的时候，带上一个导游一同前往，这能让你更加清晰明白地了解这段历史，对众多文物有一个深刻的认识。

2. 四渡赤水纪念馆大门是繁华区，不好停车，建议先找好停车场再决定是否开车前往。

链接

1935 年 1 月，中国红一军团击溃黔军的抵抗，攻占了土城，毛泽东、周恩来等亲自指挥青杠坡阻击战，红一、三、五军团和干部团参与战斗，状况十分惨烈。红军在习水县境内转战时间长达 62 天，进行过大小战斗 20 多次，因此，红军在习水县的很多地方都留下了足迹。四渡赤水之战是红军战争史上以少胜多、出奇制胜的经典战例，难怪毛主席会说，这场战役是他平生的得意之笔。

攻略

纪念馆旁还有红军植下的银杏树一对，每年秋季，雌株都果实累累，还会散发出一股特别的清香味，游人可以前去尽情观赏。

② 中国女红军纪念馆

中国女红军纪念馆位于土城镇花园，是一幢修建于清末民初的西式建筑，占地面积 210 平方米，原为川南联防军司令官别墅。这里通过文字、图片、实物等方式，展出了无数女红军中红一、二、四方面军和红二十五军中具有代表性的 45 位女红军的典型事迹，是目前我国唯一一间以女红军故事为题材的专题性纪念馆。

③ 一渡赤水纪念园

一渡赤水纪念园建于 2017 年 3 月，总占地面积 298 亩，建筑面积 8.96 万平方米，由游客服务中心、一渡纪念园广场、红旗墙、转折桥、英灵纪念塔、一渡纪念园吊桥六个部分组成。整体设计坚持"以红为主、以史为魂、以船为形、以古为意"的指导思想，用红色艺术的美学方式将一渡赤水作为核心，进行了地标性的空间展示。

④ 青杠坡战斗遗址

青杠坡战斗遗址位于土城镇青杠坡村，该战役是以青杠坡战斗为核心的土城战役，是毛泽东在遵义会议后亲自指挥的第一仗，是导致红军四渡赤水的直接因素。这里的主要景点有青杠坡红军烈士墓纪念碑、缅怀广场、烈士墓、雕塑和浮雕，置身于其中，曾经的硝烟战场仿佛又重现于你的眼前。

⑤ 毛泽东、周恩来旧居

毛泽东、周恩来旧居原为爱华商店，是一家绸缎铺，在绸缎铺后面有一个小的三合院，周恩来与毛泽东分别住在左、右厢房。三合院内有个天然的岩穴，正好作为防空洞。旧居在原有的建筑基础上，通过修复、重建等方式，恢复了毛泽东旧居当年的格局和结构，成为陈列室。

⑥ 四渡赤水实战体验园

四渡赤水实战体验园位于土城古镇新建游客中心旁，占地 70 余亩，是国家文化和旅游、全国"红办"特别推荐的创新体验型红旅景区，该景区首创了"沉浸式红色旅游"：以"四渡赤水"战役为故事背景，拆分出若干个真实历史剧情，景区考究了大量历史资料，在服装、道具、武器上高度还原真实历史，由游客抽取随机角色卡，将"四渡赤水"战役重现在游客

攻略

景区中独家定制四渡赤水战役主要武器——复古水弹枪，可供游客在竹林战区进行歼灭战剧本玩法。在实景体验演出中，将提供给游客捷克式轻机枪枪型、毛瑟步枪枪型、驳壳枪枪型、马克沁重机枪枪型等仿主战武器玩具枪，定会让你不虚此行。

面前。这里有情报战、物资战、歼灭战三种战争体验，更有大型实景实战演出，使游客更生动、更直观、更深刻地了解"四渡赤水"战役，是贵州亲子教育、研学旅行、团建拓展、党建培训、红色旅游一大创新体验项目。

⑦ 土城小坝景区

土城小坝景区属于国家级自然保护区，区内有典型的丹霞地貌，是宝贵的自然遗产。景区内有桫椤群等珍贵植物种类达 1600 多种，是地球同纬度保存得最好的中亚热带常绿阔叶林，森林覆盖面积达 99.6%，景区内有 40 多个奇特、古朴的景点。

在原始的森林环境中，游人可以在此尽情感受回归大自然的美。

⑧ 黄金湾汉代遗址

黄金湾汉代遗址位于土城古镇的黄金湾村，是赤水河流域规模、规格最大的汉代遗址，总面积约 4 万平米，目前已发掘出了墓葬 11 座，其中，土坑墓 2 座，岩墓 5 座、瓮棺墓、瓦棺墓 4 座，出土各类陪葬品 300 余件。这里出土的器物按质地可分为青铜器、石器、陶器、铁器、贝类、骨器等，尤以陶器数量最多。

⑨ 十八帮博物馆

十八帮博物馆是中国唯一的"十八帮文化"体验馆，是土城地方特色商帮文化的展示体验中心。十八帮博物馆展陈了与十八帮相关的实物、事迹，同时又有体验项目，打破了传统博物馆的模式，是土城景区的创新形式。这里充分利用声、光、电、影等现代展陈技术，结合十八帮文化内涵以及场景设计，调动观众视、听、触等多种感觉系统，为游客提供立体式的文化体验。体验馆分为五个展厅，分别为序厅、兴商立市、繁城百态、走进十八帮和尾厅。

解说 十八帮：见证昔日的繁华

过去的土城，繁盛时有着十八个帮派，而所谓的"十八帮"，实际上就是一个行业的"协会"，包括盐帮、船帮、马帮、铁帮、糖食帮、茶帮、丐帮、布帮、戏帮、经纪帮、栈房帮、米帮、药帮、油帮、酒帮、石帮、木帮和袍哥。除了这个博物馆外，土城老街的船帮、盐号也保留有当年的风韵。袍哥会是清末民国时期四川省（包括现在的重庆）、云南、贵州等地较强大的一种民间帮会组织，分为浑水袍哥和清水袍哥，前者类似于现在的黑社会，而后者仅仅是一般帮会组织。

⑩ 赤水河盐文化陈列馆

赤水河盐文化陈列馆前身为土城盐号，建于清朝晚期，抗战前夕叫作"大业公司办事处"，是赤水河畔规模最大、保存最完好的盐号。陈列馆采用图片、文字、场景、雕塑等形式，展示了盐文化发展和赤水河流域的民俗民风，同时还展示了红军长征在土城"开仓分盐"的场景。

⑪ 贵州航运博物馆

贵州航运博物馆占地3000平方米，建筑面积1800平方米，是国内首个省级内河航运专题博物馆。贵州航运博物馆基本陈列浓缩了乌江、赤水河等贵州大河系2000多年航运发展变迁的历史，通过贵州航运自身发展及其对政治、经济、军事、文化、社会的作用和影响，反映其发展变化，特别是改革开放以来的航运发展成就。

⑫ 飞鱼部落水世界

飞鱼部落水世界位于土城古镇的水狮坝，作为国内首座古鳛部部落主题生态水世界乐园，这里引入最先进最潮流的水上游乐设施设备，设有儿童戏水池、悬空漂流河九种模式的海啸造浪池；还有各种水滑梯：大喇叭、巨碗兽、大黄蜂、大回环等各种水体娱乐项目，是集水上娱乐、文化体验、亲水休闲、文艺表演等多功能于一体的精品水世界乐园。

美食 饕餮一族新发现

　　土城古镇有各种各样的美食，走到街巷，你就会有种垂涎欲滴的感觉。

　　苕汤圆可谓是土城的特色风味小吃，与我们平时吃的汤圆不同的是，这种汤圆的外皮是用红薯淀粉和熟红薯泥和在一起做成的，它的馅料是熟猪肉、豆腐、榨菜和小葱做成的。

　　这里的冰粉也堪称一绝，加上芝麻、花生和豆沙的冰粉，是夏日解暑的佳品。

　　黔北麻羊因为自然环境的原因，肉质要优于其他的羊类，用这种羊肉做成的菜肴是当地最具特色的美食，肉感细腻，味道鲜美，来土城古镇旅游的人一定要尝一尝，不要留下遗憾。

　　此外，这里还有很多小吃，如春卷、苕丝糖、红豆腐、黑豆花、烙锅等，各具滋味。

住宿 驴友力荐的住宿地

　　土城古镇建有很多民宿，有些还很适合亲子旅游，游人有多重选择，如观河居客栈（古镇惠民街23号）就是一家适合亲子游的旅店，特别是这里的观景房，住在里面可以睁眼就看到古镇特有的景色；小蜗客栈（古镇惠民街86号）是一家经济型的旅店，性价比极高；土城古镇客栈（古镇A区6号楼）是一家星级酒店，设备齐全，给人一种回家的感觉。

赤水大瀑布景区

神州丹霞瀑布奇观

@摩卡 赤水大瀑布介于刚强和温柔之间，两者兼备。在光线充足、水量充沛的情况下，它就像是神话中女娲的银发。

@锦风莲 夏天来赤水大瀑布旅游最好，这时候瀑布水从悬崖绝壁上倾泻而下，气势磅礴，数里之内声如雷鸣，数百米内水雾迷蒙。

@molly 到这里你在欣赏到壮观的赤水大瀑布的同时，还可以到农家乐住上一住，品尝一下当地的特色菜，比如筒筒饭、筒筒笋、老腊肉、豆花等，算是感受一下当地的风土人情吧。

门票和开放时间

门票：80元，乘观光旅游车20元。

开放时间：8:00~17:00。

最佳旅游时间

赤水大瀑布旅游的最佳时间是7、8月份，因为这时候是丰水季，水量很大。瀑布从绝壁上倾泻而下，气势磅礴。

进入景区交通

位置：遵义赤水市两河口乡。

交通：赤水市专门设有多路丹霞旅游直通车连接各景区，从游客中心乘坐4号线直通车可到景区。

景点星级

美丽★★★★　刺激★★★★　休闲★★★★　特色★★★　浪漫★★　人文★★

赤水大瀑布景区又名十丈洞景区，位于风溪河上游，是"赤水丹霞"世界自然遗产的核心组成部分之一。景区内道路曲折回环，浓荫蔽日，观瀑台、浪琴湾、飞虹桥等景点构成一个天然的瀑布公园。

景区最重要的组成部分是赤水大瀑布，它是我国丹霞地貌上最大的瀑布。附近还有中洞瀑布、蟠龙瀑布群、两河口瀑布、鸡飞崖瀑布、香溪湖、石笋峰、百亩茶花林和大片的杜鹃林等景观。

❶ 赤水大瀑布

赤水大瀑布又称为十丈洞大瀑布，它高76米、宽80米，在贵州的名气仅次于黄果树瀑布，是我国丹霞地貌上最大的瀑布。景区以瀑布群、竹海、丹霞地貌等景观为主体。赤水大瀑布从悬崖上倾泻而下，气势磅礴，几里之外就能听到声音，走近之后，水雾弥漫，当阳光照射的时候，会呈现出七色彩虹。此外，瀑布周围树木繁盛，一年四季都有绿意。

链接

赤水大瀑布虽然很壮观，可是一直是"久居深闺"的。它被人发现是在明朝永乐年间，太监谢安出来为皇宫砍伐质量上等的楠木建造宫殿，他们误闯走到了这里，被这里的美景震惊了，最终，谢安选择在这里隐居，开始自耕自食。后来，大旅行家徐霞客也来过这里，但是直到1986年，中央电视台播放了赤水大瀑布之后，它才真正为世人所知。

❷ 暗瀑

在赤水大瀑布旁边，还有一个只能听见声音，但是眼睛却看不见的瀑布，人们称之为暗瀑。当你走到那块巨大的丹岩前，就能听到一种音量很大的瀑布水声，就像是丹岩内有一个非常大的瀑布，但是又看不见瀑布。更奇妙的是，只要离开丹岩几步，那巨大的瀑布声就立刻消失了。暗瀑到底是怎么形成的，至今仍是一个谜。

❸ 中洞瀑布

中洞瀑布在两河口至十丈洞的公路旁边，离赤水大瀑布大约有2000米距离。中洞瀑布高18.5米、宽75.6米，晶莹剔透，十分美丽，很像银珠织帘垂挂谷中，被称为中国帘状瀑布的典型代表，又被当地人称为"美人梳"。

小贴士

很多游客游览完赤水大瀑布后就不愿意再来中洞瀑布了，其实这是很可惜的，可以这么说，中洞瀑布虽然没有十丈洞瀑布气势澎湃，但是它的美丽程度却远远超过赤水大瀑布，而且你还能从各个角度欣赏它的美景，这里也是摄影的最佳取景地点。

❹ 百亩茶花林

百亩茶花林距香溪湖大约7000米，步行的话，大约要1个多小时。百亩茶花林内的茶花都是野生的，十分罕见！一般的植株高10米，花色有白、黄、红、桃红等，花型也千姿百态。

攻略

到百亩茶花林会经过香溪湖，这是一个人工湖，在这里可以划船、游泳、垂钓。晴天时，湖水波光粼粼。荡舟湖泊，沿岸有绿树，还有鸟雀啼唱，让人感到非常轻松快乐。湖边还有农舍，傍晚的时候炊烟袅袅，田园农家生活看起来安静、祥和。

每年4月，春雨过后，山茶花树在阳光下绽放，少的一株能开两朵，多的能有几十朵。而到了5~6月，是观赏百亩茶花林的最佳时期。这时候，五颜六色的山茶花全部盛开，还散发出醉人的芳香，令人流连忘返。

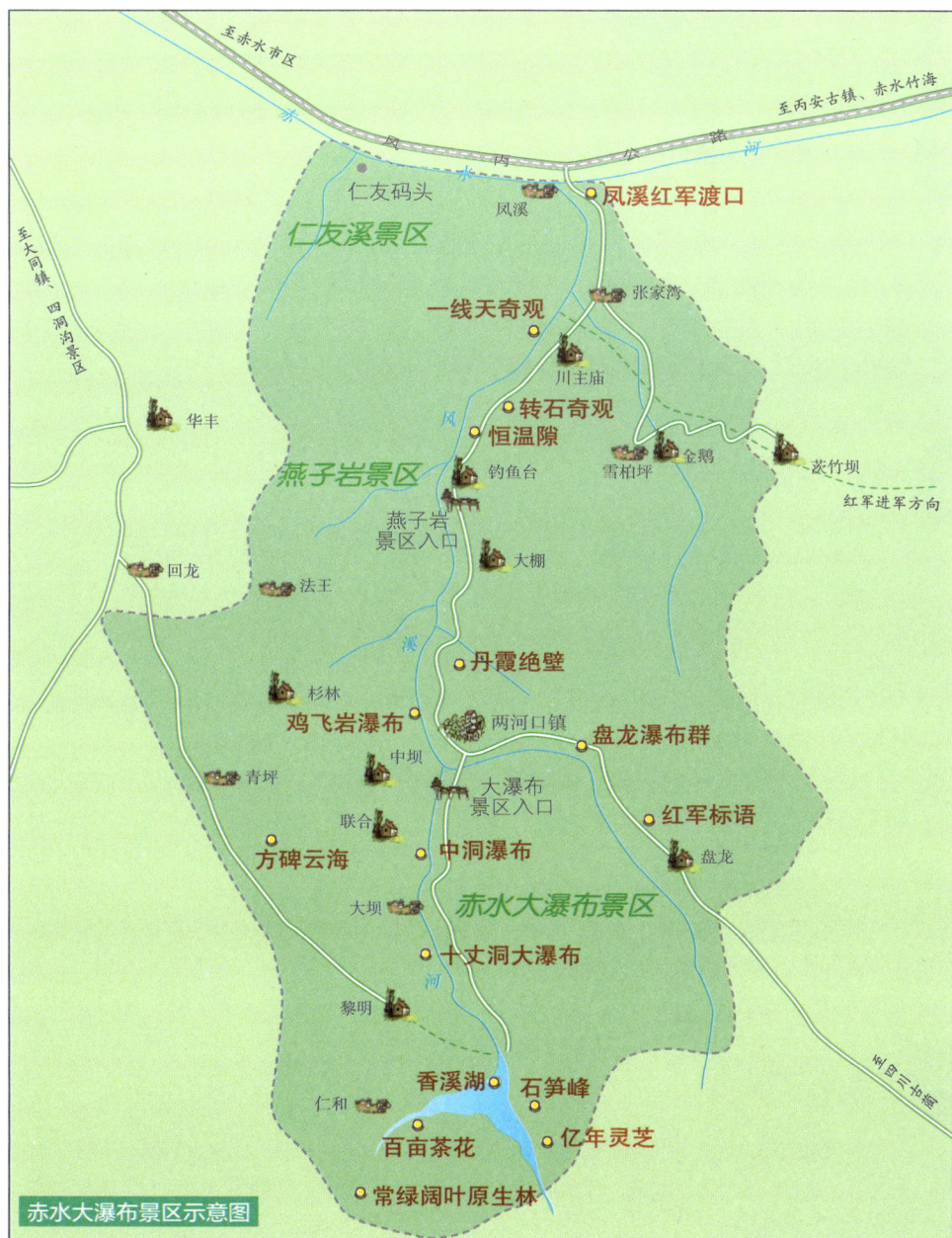

赤水大瀑布景区示意图

至赤水市区
至丙安古镇、赤水竹海
赤水河
至大同镇、四洞沟景区
仁友码头
凤溪
凤溪红军渡口
仁友溪景区
张家湾
一线天奇观
川主庙
华丰
风
转石奇观
恒温隙
钓鱼台
雪柏坪 金鹅
茨竹坝
红军进军方向
燕子岩景区
燕子岩
景区入口
大棚
回龙
法王
溪
丹霞绝壁
杉林
鸡飞岩瀑布
两河口镇
盘龙瀑布群
中坝
青坪
红军标语
联合
大瀑布
景区入口
盘龙
方碑云海
中洞瀑布
大坝
赤水大瀑布景区
十丈洞大瀑布
河
黎明
香溪湖
石笋峰
仁和
亿年灵芝
百亩茶花
常绿阔叶原生林

⑤ 灵芝石

灵芝石又被称为万年石伞，它在香溪湖边的森林中。巨石的外观很像一把伞，是丹霞岩石经过漫长的年代风化形成的。石伞伞顶周长 17 米，高 6.2 米，伞把最细的地方周长 1.2 米左右，让人很不解的是这把"头重脚轻"的石伞虽然也会在风雨中摇晃，但千百年来却依然屹立。

链接 灵芝石的传说

因为灵芝石独特的形状及久远的历史，会使人特别感兴趣。关于它的来源，当地有这样一种传说：远古时代有一个巨大火球从天而降，当火球降落到地上之后，就变成了伞状的红色巨石。人们认为这是上天赐福，是一个好兆头。

169

住宿 驴友力荐的住宿地

赤水大瀑布景区附近有多家酒店可入住。

游客也可以回赤水市区住宿,星级酒店到经济型的快捷酒店都有,可以按照自己的经济条件选择。赤水万豪之星酒店(赤水市人民街与东正街交会处附近西南)、赤水丽都酒店(赤水市人民南路三中对面)、赤水源酒店(赤水市人民北路18号)、速8酒店赤水河滨西路店(赤水市河滨西路竹海苑1-8号楼)、赤水嘉联宾馆(赤水市人民南路)等都是不错的选择。

美食 饕餮一族新发现

赤水当地的美食主要有罐罐鸡、猪儿粑、筒筒笋、玉兰片以及赤水河鱼等。

罐罐鸡:因用笔筒形状的瓦罐盛鸡蒸制而得名。罐罐鸡根据招待的对象不同,配的原料也不同。一般只需在鸡块中配入墨鱼、姜块、白胡椒、葱,有的还放上鲢鱼、莲米、三七、天麻等。

猪儿粑:用糯米面做皮,把猪肉、豆腐干、榨菜等剁碎之后做成馅,经高温蒸熟制成。入口后,先尝到的是糯米的绵软清香,然后能感受到馅的混合美味,香气满口。

筒筒笋:由新鲜青竹笋制成,采摘加工阴山笋后熏烤晾晒,再经多道漂洗工序后放在锅里制成,营养价值很高。

玉兰片:用上等楠竹笋加工而成,色泽蜡黄、半透明,形状似玉兰花,因此得名"玉兰片",它含有蛋白质、维生素、粗纤维等多种营养成分。

赤水河里还盛产赤河鲤、青鱼、花鲢、鳙鱼、红翘、青鲅等各种鱼类,可做成各种美食,鱼肉清香诱人,质地细嫩,受人喜爱。

购物 又玩又买嗨翻天

在兴源市场、黔北综合批发市场,可以买到很多当地土特产品,如赤水晒醋、干鲜竹笋、玉兰片、灵芝、天麻高山腊肉、赤水荔枝、"红赤水"牌腊肉、四洞沟"虫茶"、赤水虫茶、赤水金钗石斛等。

行程推荐 智慧旅行赛导游

赤水大瀑布一日游:赤水大瀑布—中洞瀑布—香溪湖—百亩茶花林—灵芝石。

先去欣赏名气仅次于黄果树大瀑布的赤水大瀑布,之后前往中洞瀑布,可以多个角度拍摄几张照片。然后可以经过香溪湖,去欣赏百亩茶花林与灵芝石。一天的行程比较紧张,最好早点出发。

阳光照射下的赤水大瀑布，明暗交错，景色如画。

佛光岩景区

有"世界丹霞第一园"之美誉

@团团 佛光岩算是真心比较好玩的了，下午去时间有点儿紧，这次去了三个景区，一天半的时间，建议一个景区玩一天。佛光岩下午风光真心好，丹霞地貌在阳光下真的特别好看，如果下次去的话一定要规划一天，上午登上五柱峰，下午再去看佛光岩。

@浮萍 佛光岩景区很不错，不愧为华夏神州第一赤壁，很有特色的丹霞，太美了！倾泻而下的瀑布跌落石壁，让人惊叹，值得一游。

@德宇 景区挺大的，而且非常漂亮和壮观，景区的道路一直到瀑布底下，然后还可以走侧面的栈道远观。同比其他赤水的几个景区，这个是最值得的。

门票和开放时间

门票：90元，观光车往返票25元/人。

开放时间：淡季（12月至次年3月）8:00~16:30；旺季（3月至11月）8:00~17:00。

最佳旅游时间

春夏秋三季是最佳旅游季节，此时的植物都生长得极好，走在山间林道，会让你尽情享受大自然的美好。

进入景区交通

位置：赤水市元厚镇五柱峰村。

交通：赤水老客运站、赤水旅游长途汽车客运站每天都有数趟往返于佛光岩景区的班车。

景点星级

美丽★★★★　刺激★★★★　休闲★★★★　特色★★★　浪漫★★　人文★★

佛光岩景区又名五柱峰景区，是世界自然遗产"赤水丹霞"的核心景区之一，也是中国侏罗纪、白垩纪丹霞地貌发育最好、出露最齐、特色最典型的景区之一，素有"世界丹霞之冠""世界丹霞第一园"之美誉。

该景区处于大娄山与北麓贵州高原向四川盆地急剧沉降的地段，这里谷深坡陡，溪河纵横，切割深度在500米至1300米之间，山峰大多在1200米以上，具有宝塔状、城堡状、针状、柱状、棒状、方山状、峰林状等无数奇异的丹霞地貌景观，奇峰异石、崖廓岩穴多得数不胜数，大地山崖满是红艳艳的赤红色彩。

这里以"丹霞绝壁、天下奇观"的大白岩和"天造地设、鬼斧神工"的五柱峰为主体景观，还有白龙瀑、丹霞城堡、茶花林等30多个靓景奇观，由小金驿沟、世外桃源、太阳谷、犁辕沟、豹子沟等五大景段构成，集新、奇、险、秀、幽、野六大特色为一体，是赤水国家级风景名胜区的重要组成部分。

链接

在佛光岩景区中，有一处岩石看起来就像太空飞船一般，其实，这是一处典型的丹霞地貌景观。赤水丹霞地貌主要发育于距今6500万年的白垩系岩层，这种岩层主要由厚层块状的鲜红色砂岩和多层紫红色泥岩组成。"太空飞船"正是由于岩石的差异风化及岩块沿垂直节理崩塌而形成的。

❶ 佛光岩

有"世界丹霞之冠"之称的佛光岩呈弧形，相对高度近385米，弧长1117米。崖壁中央有一柱状瀑布，高269米，宽42米，形似"佛"字，倾流而下的瀑布水声如雷，蔚为壮观。佛光岩在阳光照射下红光四射，血红的岩壁与雪白的瀑水相互融合，堪称丹霞一绝。

攻略

在佛光岩拍照推荐以下的拍摄地：一是瀑布下，二是岩腔，三是佛光岩顶部的观景台。最佳拍摄时间是在下午4点到6点间，那时阳光正好照射到佛光岩上，非常漂亮。

❷ 五柱峰

五柱峰由五座塔柱一样的丹霞山峰构成，造型奇特，石柱高度约数十米，远望宛若巨掌，惟妙惟肖，堪称大自然鬼斧神工的杰作。重叠的石柱上生长着无数草藓和青藤，与出露的红色石壁相映成趣，美不胜收。

小贴士

参观五柱峰必须晴天去，如果赶上雨天，再加上雾气，雾就会锁住五柱峰，到了那儿就什么也看不到了。

173

链接

五柱峰的形成是岩石沿节理强烈崩塌的结果。由于岩层平缓，质地坚硬，不同规模的垂直节理发育极好，加之五柱峰恰好处于一个深切沟谷的一侧，河流的强烈切割使得沟谷两侧的岩石因压力释放而大量崩塌，形成初步发育而成的丹霞石峰。后来，重力崩塌使得节理之间的岩体凸出成为柱状景观，这赤红的石柱和周围青翠的森林的组合，呈现出一片生机，极富美学价值。

攻 略

住宿 驴友力荐的住宿地

到佛光岩景区游玩，可以到赤水市区选择一些现代化的旅店，当然，景区附近也有很多尚好的选择，如：赤水五柱峰凤连餐旅馆（景区北门西侧），设备齐全，食宿便捷，性价比高；赤水佛光宾馆（景区北门往西200米），是一家亲子酒店，很适合一家人前来旅游；丽峰溪谷山庄，在赤水河畔，距景区北门2500米，环境安静，风景秀丽，适合小住几天。

美食 饕餮一族新发现

佛光岩景区附近有很多地道的地方美食，来这里观景的游客闲暇时一定不容错过，如位于佛光岩景区东门北40米的浓锦食汇餐馆，他家的农家乐味道很不错，最有特色的当属腊肉火锅，而且其腊肉是不限量供应的；还可以到幸福缘家常馆来上一顿美味的便饭，这里的菜分量很足，腊肉笋子炒得甚是不错。

燕子岩景区

因瀑布像燕子尾巴而得名

微印象

@daryl 在燕子岩景区到处密林森森，流水潺潺，飞瀑倾泻；燕子岩是位于半山腰上一座悬崖中间的岩穴，因成群的燕子在这里筑巢栖息而得名。燕子岩瀑布是悬崖上的清泉从崖顶分四股飞流直下，各具形神，妙趣横生。

@痛快旅游 第一眼看见燕子岩瀑布就有"望庐山瀑布"的感觉。顺着山路从瀑布底端走到腰间，更刺激的是还要从瀑布中段穿越过去，不过有"恐高症"的游客要注意，有点儿危险。最后顺着山路到达燕子岩的发源点，瀑布壮观，水声阵阵，远眺对面的大山，尽情地深呼吸吧。

门票和开放时间

门票：25元.

开放时间：7:00~17:30。

最佳旅游时间

燕子岩的最佳旅游季节是春夏秋三季，这时候植物全绿了，山清水秀，特别是在春天，加上清新的空气，是踏青的好去处。

进入景区交通

位置：贵州省赤水市风溪河西岸。

交通：赤水市文化广场有发往市内各大景区的班车，车票7元左右；也可以从赤水旅游汽车站乘坐到赤水大瀑布的车，在燕子岩下车。

景点星级

美丽★★★★　刺激★★★★　休闲★★★★　特色★★★　浪漫★★　人文★★

燕子岩景区，是世界自然遗产"赤水丹霞"的核心景区之一，融森林景观、瀑布景观和丹霞地貌为一体，是中外旅游者观赏自然生态风光的理想胜地，也是科普考察的重要基地。

这里的主要景点有南园、北园、燕子岩瀑布、燕子岩穴、猕猴穴天桥、莲台瀑布、古竹道等，以及无数的地学、水体、生物、森林奇观。

小贴士

登燕子岩有一半路是不用原路返回的，建议选择观瀑台—生命之源—莲台瀑布这条线路，最后从索道下行站那里下山。这样走的话，上山的路会平坦一些，索道下行站那里坡度很陡，距离要近一点，很快就下山了。

链接

燕子岩穴位于燕子岩悬崖中间，呈半圆弧形，高42米，宽80米，岩穴绝壁上的缝隙里常年栖息着成群的燕子，"燕子岩"因此得名。据考古专家判断，燕子岩穴很可能是古人类的穴居地。20世纪30年代，这里还有一家人依崖搭棚，隐居达半个多世纪。

攻略

1. 燕子岩景区全程游览下来约三个小时，主要观赏瀑布和丹霞地貌，因与十丈洞瀑布距离较近，一般建议游客连在一起游玩。

2. 燕子岩景区的景色很美，岩的顶部有好多燕窝，岩旁边的瀑布也很震撼，可以直接爬到瀑布顶端去看，总体感觉很棒。

1 南园

南园又称桫椤园，里面生长着亿万年前的珍稀遗植物——"活化石"桫椤。桫椤群落在这里集中分布，郁郁葱葱，植株高大粗壮，千姿百态。这里随处可以看到"夫妻并蒂"桫椤、三叉桫椤、双叉桫椤、恐龙形桫椤、孪生姐妹桫椤等畸异桫椤，被游客誉为"桫椤王国"。

2 北园

北园又称五彩园，这里的原始生态系统保存得很完整，自然风光野趣横生，里面有犀牛戏水潭瀑布、孪生姐妹瀑布、燕子岩瀑布、莲台瀑布等瀑布群呈梯级分布，又有燕子岩、钓鱼台、猕猴穴、"生命之根"等丹霞地貌景观随处可见，因这里的森林、流泉、瀑布、丹霞、禽鸟并称为"五奇"，故被称为"五彩乐园"。

3 燕子岩瀑布

燕子岩是一个巨大的岩穴，呈拱弧形，位于半山腰上一座高约80米的悬崖中间。悬崖上的清泉从崖顶分四股飞流直下，形成清丽、奇峻的燕子岩瀑布，瀑布高87.3米，宽50米，落差高达200米，瀑幅呈燕尾形，上窄下宽，最窄处约有1米，最宽处约有10米。莲台瀑布在燕子岩瀑顶，瀑布高42米，宽14米。

攻略

燕子岩景区附近有很多农家乐，如燕子岩农庄、赤水打鱼郎鱼庄、竹叶鱼庄等，游人从景区回来可以选择一家过去尝尝，伴着白天看到的美景一块回味。景区附近也有很多民宿可供选择，如赤水燕妮农庄、赤水燕子岩农庄等，距离景区的直线距离在千米之内，十分方便。

四洞沟

四级跌水瀑布

微印象

@花开无语 四洞沟最有特色的就是瀑布了，形态各异的瀑布清俊典雅，风姿绰约，和黄果树瀑布可不一样，别有一番风味，人处其间，会烦扰尽去，心境开阔。

@姚姚 要玩遍四个洞，必须一个洞一个洞地走上去，那样才能领略四洞沟的全部。闲庭漫步，看看被称为万竹之园、小家碧玉、没有败笔的景区，才不枉此行、不留遗憾。

门票和开放时间

门票：75元。

开放时间：8:00~16:30（3月1日至11月30日）；8:00~16:00（12月1日至次年2月28日）。

最佳旅游时间

5~10月为游览的最佳时间，这时候水量充沛，瀑布也更加壮观，游客还可以近距离接触透明、干净的河水。夏季这里的温度也比较低，适合避暑。

进入景区交通

位置：遵义赤水市大同镇境内，离城区15千米。

交通：在游客中心乘坐赤水丹霞旅游直通车5号线可到景区。

景点星级

美丽★★★★　刺激★★★★　浪漫★★★　特色★★★　休闲★★★　人文★★

四洞沟位于大同镇境内，长约4000米，景区以大致相等的距离排列着的四级瀑布为主体，分别是水帘洞瀑布、月亮潭瀑布、飞蛙崖瀑布和白龙潭瀑布。这些瀑布瀑宽都在40米左右，落差最高的大约有50米。它们形态各异，有的瀑布如翠螺，有的似新月，有的像玉蟾戏蛇，还有的像云中落锦。景区中峰岭俊秀，景色优美，翠竹繁茂，丹霞石星罗棋布，小金花茶等一些珍稀植物也随处可见。景区内还有天生桥、渡仙桥、清代节孝石坊等人文景观。

❶ 四大瀑布

水帘洞瀑布宽37.5米，高31米，崖壁上还刻着"水帘洞"三个朱红色大字。瀑布像水帘一样悬挂，声若雷鸣。漫步在瀑布旁边的小路上，可以观赏瀑布"洞中盆景"，瀑外的深潭中影随人走，令人赞叹。

月亮潭瀑布宽42米，高10米，远看像一把向下的弯形银梳子。梳背是瀑面，而梳子的齿子是均匀状分布的银色细流，秀丽俊美。月亮潭瀑布后面的岩窟中有一棵很奇怪的树，树身主干向上斜挑后呈抛物线向湖面倾下。一株如钵大的分枝垂落在地上，成为主干的支撑。

飞蛙崖瀑布高26米，宽43米，瀑布的上游有一块很像巨象的巨大石头。"大象"前边有一蝌蚪状石滩，形状又很像游蛇，"蛇"前面又有石蛙。远远看上去，"蛇"正在追赶着"石蛙"，一幅要吃它的景象，被人称为"蛇蛙戏水图"。

白龙潭瀑布是四洞沟瀑布群中最大的一个瀑布，高60米，宽23米，瀑声如雷，飞流直下，非常壮观。瀑布下面的"白龙潭"飞珠溅玉，水在阳光的照射下闪着银光。另外，瀑布底下还有一块形如巨蛙的巨石。

❷ 杨家岩景区

杨家岩景区距四洞沟大约 1000 米，主要由"丹霞壁画石刻长廊游览区"和"观音沟原始生态瀑布王国区"两大部分组成。

杨家岩长廊长 148 米，宽 20~40 米，岩穴高 20 多米。最值得欣赏的是长廊上的丹霞壁画石刻，那些蜂窝状的痕迹由自然风化而成，令人惊叹不已。壁画上有许多奇特景观，如丹霞金蛙石、金龟石和天生桥等。

小贴士

从四洞沟前面的村口到杨家岩景区没有景区的旅游车，想去的话，可以徒步，也可以乘坐当地村民的摩托车。徒步的时候，最好不要一个人，安全方面得不到保障。因为上山的红土机耕小道非常陡，一路惊险。

至赤水市区

大同古镇 ③
丹霞岩穴
陈贡珊碑

洞坝茶山
石顶山悬石
天生桥
孔滩桥
渡仙桥

漂流
苗寨
停车场
五云茶山
景区大门
两汇水
郑氏节孝坊
川叙水

水帘洞瀑布　三华
游船码头
仙女古榕树　槐荫树奇观
观音庙　月亮潭瀑布
飞蛙崖瀑布　翠竹山庄
① 黄金山庄
玉女溪瀑布群
大水沟瀑布
② 杨家岩丹霞景观
华平

白龙潭瀑布
金殿山庄　古寨门
铜锣　华丰

龙凤山云海　梯田奇观
长春谷桫椤林
方碑云海
回龙

四洞沟示意图

179

四洞沟瀑布，银瀑飞泻映丹霞。

❸ 大同古镇

大同古镇位于赤水河畔，是一个衰败了的码头。古镇现存的建筑建于明末清初时期，镇中由古街、古码头、古井、古街坊、古民居、古庙宇、古会馆、古碑、古牌坊等组成。前殿、正殿、后殿、吊脚楼、岩穴等错落有致；古墓、古碑、古牌坊结构严谨，绘画雕刻文化底蕴深厚，被称为"石头写成的历史"。

解说

如今走在古镇中，早已没有了昔日的繁华。有的是坐在门槛边看书的老者和在街边戏耍的顽童。虽然也有一些时装店、家用电器店在古镇上开着，但是不多，不会影响这里的古朴气息。当脚步轻轻地踏过青石台阶，身处其中，你能深深感受到大自然的神奇和历史的厚重。

攻略

景区交通　游遍景区不犯愁

景区内有景交车，发车点在进检票口步行约10分钟的景区入口处，单程20元/人，往返30元/人。也可以乘坐竹筏游览，10元/人。

住宿　驴友力荐的住宿地

景区附近有很多不错的旅店，如四洞沟苗寨山庄、四洞碧园酒店、赤水溪谷假日客栈等，环境幽雅，性价比高。

景区距赤水市区很近，所以可以返回城区住宿，市内有很多条件不错的宾馆，如赤水金竹大酒店（赤水市文华街道三十里河滨大道西路271号）、城市间酒店（赤水市向阳路路口）等。

美食　饕餮一族新发现

在四洞沟，豆花饭、老腊肉和竹笋是最常见的饭食，竹筒饭也不可不尝。

豆花饭是用豆花当作下饭菜的一种快餐食品，由一碗豆花、一碗大米饭和一小碟蘸水组成。它香、辣、烫，十分下饭。

最正宗的赤水老腊肉在店中找不到，必须在乡坝农家的灶头之上才能找到。

行程推荐　智慧旅行赛导游

四洞沟一日游：水帘洞瀑布—月亮潭瀑布—飞蛙崖瀑布—白龙潭瀑布—杨家岩景区—大同古镇。

四级瀑布风格各不相同，值得全部游览，全程需要3~4小时。杨家岩景区的丹霞地貌景观定让你叹为观止。最后，还可以到大同古镇去体验古镇风情。

赤水竹海

竹的海洋

微印象

@旅驴 这里就是竹子的世界，眼中所见的是一望无际的竹林，嗅到的是竹林的清香，就是吃到嘴里的美食，也跟竹子有千丝万缕的关系。

@johnyou 假如你喜欢梅兰竹菊四君子的话，这个公园可以大大满足一下你的"君子好逑"。不过呢，竹子固然是主角，也别忘了其他一些平常少见的植物。

门票和开放时间

门票：赤水竹海45元。桫椤自然保护区35元。

开放时间：8:30~17:00。

最佳旅游时间

赤水竹海的最佳旅游时间是春夏季节，这时候竹子碧波万顷，景色清丽、淡雅，让人心醉。

进入景区交通

位置：遵义赤水市葫市镇金沙村。

交通：赤水丹霞旅游直通车6、7号线金沙站下可到竹海景区。

景点星级

美丽★★★★　　休闲★★★★　　特色★★★　　浪漫★★★　　人文★★　　刺激★★

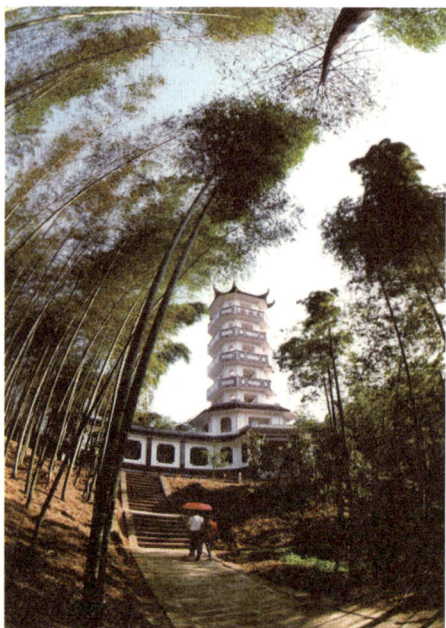

赤水竹海国家森林公园距赤水市区40多千米，面积10666公顷，以浩瀚的"竹海"风光为人所知。公园拥有竹类12属40多种，数量有千百万竿。有时候，赤水人一时间也难以说明白这些竹种的名称，便对其简称为楠竹和"杂竹"。楠竹竹节稀、壁厚、尖削度小，是上等的竹子。

这座公园分为三片风景区，野竹坪观光休闲区为中心景区。这里由竹海、瀑布、原始森林、野生动物和丹霞奇观综合构成，还有天锣、地鼓、八仙树、夫妻树等奇特的自然景观。

夏日炎炎时，楠竹依旧会呈现出绿叶婆娑、枝繁叶茂的状态，碧翠葱郁，深得人爱。这时候进到林区里面，无须雕饰的天然画卷就会呈现在你的面前。

1 观海楼

观海楼可谓公园的最高建筑，共有6层，楼高26米，造型别致，建筑设计得颇有新意，窗户的栏杆都是竹子的图案，颜色与竹海景色差不多，与周围的美景相得益彰。登上观海楼远眺，一望无际的竹林层层叠叠，浩瀚无垠，竹韵尽收眼底。一阵风吹过，竹涛阵阵，令人心情舒畅。

点赞 👍 @凯尔特人 竹海里还有一个非常壮观的仙女瀑布，我们站在观海楼上，可以远远地眺望到高高山顶上的它。下雨的时候，仙女瀑布像一条仙女的纱巾飘荡摇曳、若隐若现，再加上脚下的满眼碧竹，此情此景让人陶醉。

2 天锣、地鼓

天锣是一座10米高的圆弧状丹崖绝壁，站在这里说话，绝壁会产生很重的回音。地鼓距天锣大约有1000米远，这是一块非常大的红色砂砾岩石阶梯，共有360阶。走在上面，能听到岩石发出擂鼓一般的响声。但不是所有的阶梯都发声，有240级可听到，其他120级阶梯却没有。

小贴士

如果是夏天来这里旅游，在竹林里散步的时候，一定要做好防蚊措施，可以多喷点花露水，因为这里的蚊虫很多，一不小心就会被叮得满身大包。

3 竹海湖

竹海湖位于竹海公园山脚下，如果从东门入园，进门就能看到。这里有平静的水面与茂盛的植被，绿色小岛将湖分成两部分，岛上竹林中还有一座白墙黑瓦的小屋。湖湾中鸟语花香，走在湖边，大口吮吸新鲜的空气，顿时心旷神怡。

攻略

竹海湖岸边有供游客自驾的电动汽船，可以乘坐小船在湖中畅游。

赤水竹海示意图

至九

葫市镇

长五间

天幕岩丹霞景观

月亮瀑布

停车场

神女瀑布

红石瀑布

九霄瀑布

黎氏故居

野竹坪

停车场

金沙场

桫保区大门

天锣地鼓

观海楼

花竹奇观

公园大门

赤壁神州

天星桥

天锣

桫保区陈列馆

停车场

休息亭

猿猴岩丹霞景观

佛光岩丹霞景观

金凤寺

两叉河

鸳鸯桫椤

尖山

杉木垭

至遵义

五柱岩丹霞景观

红岩丹霞奇观

❹ 桫椤自然保护区

桫椤自然保护区是竹海南部相对独立的一个景点，是我国第一个以桫椤及其生态环境为保护对象的国家级自然保护区，面积有 13300 公顷。基于自然保护区开辟的中国侏罗纪公园，是世界上唯一的侏罗纪地球史迹自然生态园林。园内开辟了甘沟、大水沟、两岔河三个景段供游人观光游览、生态旅游、回归自然、领略远古风貌。

在这里，桫椤生长旺盛，数量达 4 万多棵，不仅国内罕见，在世界上也是少数，被誉为"桫椤王国"。保护区其他生物资源也很丰富，蕨类大约有 200 种，种子植物 500 余种，林中还生长着许多国家珍稀动物。在甘沟景区，有许多恐龙雕塑。

链接　桫椤

桫椤属于桫椤科，一般高 1~6 米不等，最高的能达到 10 米，是两亿年前的一种高大木本树蕨。它的特点是主干不分枝，叶顶生，形状似伞，苍劲挺拔，四季常青。桫椤曾经在侏罗纪、白垩纪时期盛极一时，与恐龙生存于同一时代。第四纪冰川期后，恐龙灭绝，桫椤也濒临绝种，仅有少数残存。而这"最后的侏罗纪生命"目前在世界上最完整的地方就是赤水的桫椤自然保护区。

Follow Me 贵州深度游

攻略

美食 饕餮一族新发现

在葫市镇，见到的最多的当地特色美食都是用竹子做成的。竹子的嫩芽可以食用，还能做出各种鲜美的菜肴。在这里，每顿饭都能吃上竹笋菜，大而粗的笋也做得很嫩。用竹筒煮的饭也别具风味。赤水木沙椤妹黑竹笋采用传统工艺与现代食品技术制作而成，配上各种调味料后，脆爽可口，酸辣鲜香。

当地富有特色的餐馆有竹乡人家（赤水市向阳路）、滨江苑家常馆（赤水市河滨路附近）等。

行程推荐 智慧旅行赛导游

竹海国家森林公园一日游：观海楼—天锣、地鼓—竹海湖。

公园面积比较大，且大多都是竹子，所以只需要看最精华的景点就可以了。观海楼是一定要登上去看看的，你能从高处一眼望见满山的竹子，那种感觉是在竹林里感受不到的。之后，可以去看看天锣与地鼓处，大声地喊几声，使劲地在地鼓上跺几脚，感受下大自然的无穷奥秘。最后去竹海湖乘船，欣赏湖中美景与周边翠竹。

壮观的桫椤林，让我们感受到自然的力量。

第6章
贵阳
向西

织金洞
百里牡鹃
九洞天景区
乌江源百里画廊
威宁草海
乌蒙大草原

贵州深度游
Follow Me
★ ★ ★
做旅行的倡导者

织金洞

为"中国十大奇洞"之首

微印象

@红袖 我自诩见识过很多洞穴,可来到了织金洞后,只觉得自己浅薄。《中国国家地理》杂志有评说:如果你一生只想去一个洞穴,那非织金洞莫属。

@小漂回来 织金洞保护完好,石笋、钟乳岩石等形成了丰富的景观,灯光布置也不错,值得一游!

@ldb798 织金洞的奇观不胜枚举,几乎密集到三步五步就会有一个景点,需要停下脚步来仔细欣赏,才能真正体味其中的奥妙。

门票和开放时间

门票:旺季110元,淡季100元,观光车票20元/人。

开放时间:8:00~18:00。

最佳旅游时间

织金洞一年四季皆宜游览。但周围山上三四月份为盛花期,这时候来可以观花山、游花海。每年11月到次年的4月初又是观鸟的最佳时机。

进入景区交通

位置:毕节市织金县城东北23千米的官寨乡。

交通:贵阳火车站公交总站(8:00)、贵阳北站旅游集散中心(8:30)有发往织金洞景区的直达班车;其他时间段可乘坐火车或班车前往织金县,再换乘当地班车前往。

景点星级

美丽★★★★　刺激★★★　休闲★★★　人文★★★　特色★★　浪漫★★

织金洞被称为"溶洞之王"，是目前唯一一家世界地质公园，洞内具有全国已探明的规模最大、发育最完善的喀斯特地貌。它是一个多层次、多类型的溶洞。洞内有各种奇形怪状的石柱、石幔、石花等景观，进到这里就好像是进入了仙境。织金洞已经开发的部分长6600米，分为上、中、下三层，洞厅多达47个，洞厅面积最大的有3万多平方米，最宽的地方175米，最高可达150米。每座厅堂内都有形态逼真的钟乳石，霸王盔、玉玲珑、水母石、碧眼金鼠等景观，让人目不暇接。这些钟乳石大的有33米之高，小的如竹笋一样小，千姿百态。

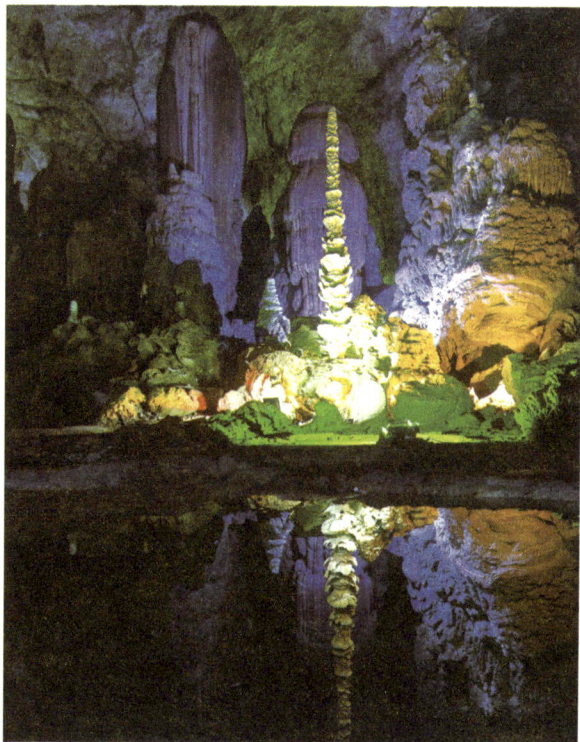

在游览过程中，你可以依次看到以下12个大厅：迎宾厅、讲经堂、塔林宫、万寿宫、望山湖、江南泽国、雪香宫、灵霄殿、广寒宫、十万大山、金鼠宫、漫谷长廊等。

❶ 迎宾厅—讲经堂—塔林宫

迎宾厅是进入织金洞之后看到的第一个景点。迎宾洞长200多米，厅内长满了苔藓，厅顶有一扇直径约10米的圆形天窗，通过这天窗，阳光可直射洞底，称为"圆光一洞天"。洞内的岩石有的像巨狮，有的像玉蟾，还有的像岩松。此外，厅内还有一个直径约4米的圆形水塘，站在水塘边上，你可以看到岩石和洞窗的倒影，所以这水塘有个名字叫"影泉"。

继续往前走，左侧是讲经堂，右侧是塔林宫，你可以选择一条路线。

讲经堂因为洞内的岩溶堆积物很像罗汉讲经而得名。讲经堂长约200米，宽50米，中间还有一个水潭，被钟乳石分成两部分，又名"日月潭"。在讲经台左侧还有一个岔洞是金鼠宫。

塔林宫面积有16000平方米，有石塔100多座，最高的达30米。这些石塔每个都金光闪闪，令人震撼。这些塔把景区分成了11个小厅堂，石笋、石柱、石帷、钟旗遍布其中。

> **小贴士**
>
> 不要忘记欣赏一下"日月潭"左侧的"九龙撑天"，这其实是九根石柱，从洞底直抵顶棚，因为这些石柱的形状很像蟠龙而得名，是拍照的好地方。

点赞 👍 @感恩节感谢上帝 看着"大雪压青松"的逼真程度，很容易让人想起陈毅元帅的诗："大雪压青松，青松挺且直。要知松高洁，待到雪化时。"这上面的"层层白雪"应该是永远不会化了的，也让以后来的人能欣赏到这美景。

② 万寿宫—望山湖

万寿宫内有万寿山，由洞顶塌落的巨石组成，后来在发育的过程当中又覆盖上了岩溶堆积物。上面是椭圆形的"穴罐"，旁边还有酷似"孔雀开屏"的鸡血石。此外，这里还有三座高 10~20 米的寿星石，形象逼真。抬头看一看洞顶和洞壁，你也会被黄、白、红、蓝、褐诸色构成的图案所吸引。

望山湖是一个长 170 米、宽 40 多米的地下湖，从这里可前往其他各大景区：左侧通往"漫谷长廊"，游览江南泽国片区的四个大厅；右侧通往雪香宫；另一条可进"南天门"，到达"灵霄殿"；还有一条可进"北天门"，抵达"广寒宫"。湖边有一个"铁树银花"钟乳石，它高达 10 米，形如铁树，树身是千万颗黑色石珠，上端右侧为白色，如雪花一般。

点赞 👍 @笨笨就是我 中国最有名的万寿山当属北京颐和园的万寿山了吧，虽然这里没有颐和园出名，也没有昆明湖的映衬，但是感觉它一点也不输于颐和园。

③ 漫谷长廊

"漫谷长廊"是一个岔洞，从这往里走还有北海陇、宴会大厅、江南泽国等大厅，全长 1100 米，面积有 5 万多平方米，共同组成江南泽国片区。

"漫谷长廊"内钟乳石奇异多姿。"北海陇"就像数条游龙在蜿蜒伸展，中有一深潭，潭中有九根石笋，叫作"清潭九笋"。"宴会大厅"是游览途中最佳的休息和活动场所。"江南泽国"中流水与湖泊、水塘、水田相互交织，一派田园风光。

小贴士

江南泽国片区很大，几乎是整个织金洞的六分之一。这里也是最耗时间的地方，也许是怕游客太累，大自然很人性化地在这里安置了"宴会大厅"。而这里也正好是你补充能量的地方，建议在此休息一下，再继续参观。

④ 雪香宫—灵霄殿

游览江南泽国之后，需原路返回到望山湖，进入湖右侧的雪香宫，它又被称为水晶宫。雪香宫全长 300 多米，因岩溶堆积物如雪原一般而得名。这里有自然形成的 20 多块谷针田、珍珠田、梅花田。另外一个不容错过的地方是"卷曲石洞"，在 200 多米的洞厅顶棚上有上万颗晶莹的卷曲石，有一些甚至还向上生长，令人叫绝。

看过雪香宫之后返回望山湖，经过南天门就到了令人震撼的灵霄殿。灵霄殿高 40 多米，面积达 5000 多平方米，两壁还有垂下来的石帘，五光十色。殿的正中有一根石柱，直抵顶棚，被人称为"擎天柱"。擎天柱的后面还有一座"瑶池"，面积有 20 平方米，因有石莲漂浮出水面而得名。

点赞 👍 @xnth 在神魔小说《西游记》中，我们大致了解了灵霄殿中应该有的设施。看着这莫大的灵霄殿，我就在想，怎么没有王母娘娘呢，你看瑶池都在的。

⑤ 广寒宫—十万大山

从望山湖经过北天门，就到了广寒宫。广寒宫的面积有 5 万多平方米，宫中有三绝："霸王盔"高 17 米，神奇阳刚，这是第一绝；"灵芝山"上万朵灵芝生机勃勃，与洞顶华丽的石帷相呼应，这是第二绝；国宝"银雨树"花瓣环绕而上，挺拔俊秀，把广寒宫的美衬托得淋漓尽致，这是第三绝。

过了广寒宫就来到十万大山，这里也是织金洞景区的出口。这里面积有 7 万多平方米，最宽处有 175 米。洞内地势起伏，石峰丛立，有金色塔山、成林玉树，还有"螺旋树""珍珠厅"可欣赏。

点赞 👍 @3Z 的思念 也许最好的地方都是压轴的，说广寒宫是织金洞游览之旅"高潮中的高潮"一点也不为过。无数的石笋、钟乳、石帘、石腹、石旗、石柱、石屏组成的浮雕，玲珑剔透，金雕玉琢，千姿百态，这些都是大自然的大写意、大手笔。

攻略

住宿 驴友力荐的住宿地

织金洞景区附近有很多可选择的旅店，如织金溶谷洞穴客栈、织金洞天酒店、织金许记农家乐；县城里也有很多可选择的，如大的酒店有毕节金龙酒店（织金县金北路96号）、宏洲国际大酒店（织金县金北路51号）。

美食 饕餮一族新发现

在这里能吃到颇具织金特色的水八碗和当地苗、彝族特色的风味美食及小吃，可以选择源俊水八碗、水西彝家、风土情、麒麟农家、下红岩鱼馆等有名的餐馆，织金洞特色小吃有荞凉粉、发粑、土烙锅臭豆腐、洋芋颗、滚米团、荞粑粑、水晶凉粉、汤圆等。

行程推荐 智慧旅行赛导游

织金洞一日游线路：迎宾厅—讲经堂—塔林宫—万寿宫—望山湖—江南泽国—雪香宫—灵霄殿—广寒宫—十万大山。出来洞口之后，可以坐景区的环保车。

特别提示

❶ 为了便于游览，织金洞只有一个入口，而且行程也是单行线，过来了就不能回去了。所以在路上，要拍照的时候就赶紧拍，不要设想着回来的路上再说。

❷ 织金洞内的光线很暗，水汽也很大，如果你要照相的话，千万不要为了增加通光量而卸下UV镜。不然，镜头就会蒙上一片水珠，以至于无法对焦，直接影响拍照。

❸ 洞中比外面的温度低很多，即使在夏天，也最好穿长衫与长裤，注意保暖。路面很滑，一不留神就会摔倒，一定要注意，尤其是在拍照的时候，先找个地方站稳了再拍。

织金洞内的钟乳石，在灯光的照射下，光彩夺目。

百里杜鹃

世界上最大的天然花园

@yanjin 在百里杜鹃景区放眼望去，花树横生竖长，连山塞谷，无拘无束，野性十足。在绵延百里的山岭上，纯天然的鲜花默默无闻地开着，在这个世界上，恐怕是独一无二的了。

@啦啦啦 鲜红的、纯粉的、嫩黄的花，被风一吹，有一股淡淡的幽香扑鼻而来，把原始的美发挥到了极致。

@小布丁 若不是亲眼所见，很难想象贵州百里杜鹃林的烂漫与辉煌。走进花的世界，你便步入了大自然的梦里，这片土地宛如一个天造神设的巨大花盆，点缀着群山起伏的贵州高原，也孕育了一方纯洁的民风民情。

门票：花期130元，非花期50元。开放时间：8:00~18:00。

最佳旅游时间

每年的4月份是游览百里杜鹃的最佳时期，那时候正好是盛花期，春光明媚，满山遍野的杜鹃花五彩缤纷，甚是壮观，令人久久不忘。

进入景区交通

位置：毕节市大方县普底乡大荒村，金坡景区在黔西县金坡乡。

交通：大方和黔西高铁站均有直达景区的旅游专线公交。

景点星级

美丽★★★★★　特色★★★★　休闲★★★　刺激★★★　人文★★

百里杜鹃风景区总面积有125.8平方千米，是中国面积最大的原生杜鹃林，有"地球的彩带、世界的花园"之美誉，已晋升为国家5A级景区。百里杜鹃风景区分为金坡景区和普底景区，花开时节，杜鹃花漫山遍野，千姿百态，姹紫嫣红，只有真正来到这里才能体验到它的美，文字无法形容。

这里以天然的杜鹃花海为主要特色，分布着马缨、鹅黄、百合、青莲、紫玉等5属，共计41个杜鹃花品种，有鲜红、粉红、紫色、金黄、淡黄、雪白、淡白、淡绿等十几种颜色，令人叹为观止。最为奇特的是，这里的杜鹃还有"一树不同花"的花种，就是说一棵树上开出几种不同颜色的花，最多的能达到7种。

百里杜鹃风景区还住着苗、彝、布依等民族同胞，民族风情丰富多彩。

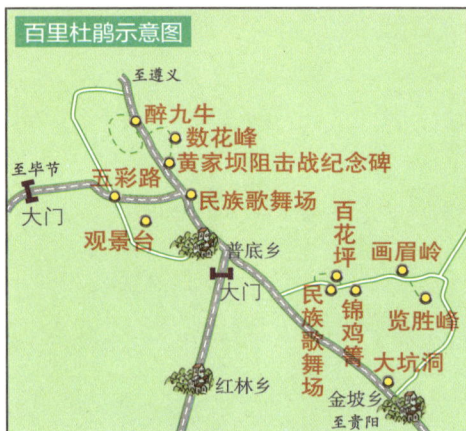

百里杜鹃示意图

❶ 金坡岭

如果在金坡景区乘坐电瓶车的话，金坡岭是你即将经过的第一个景点，这里有奢香夫人开通的"九驿"。傍晚的时候，晚霞映照，火红一片，金坡岭也因此而得名。山间各种颜色的杜鹃花花团锦簇，千姿百态。

景区内花山绵延，起伏不断，这边山上的红杜鹃，艳如云霞；那边坡中的白杜鹃，洁白如雪。大杜鹃树枝苍劲，而小杜鹃则显得俏丽多姿，如红缨，似粉球，如团扇，似玉盘，令人陶醉。有的杜鹃树上有多达上万朵花，高的花树有六七米，矮点的还不到1米。

摄影攻略

拍摄百里杜鹃，既可以选择成片拍摄，也可以单株拍摄，要知道一朵杜鹃花的娇媚形态并不逊于整片火红的风景。而且如果你有足够的耐性，可以等到晨昏时分，以光线漫射之后的天空作为背景来拍摄。除了金坡岭外，百花坪、览胜峰、数花峰、落英台、五彩路也是摄影的好去处。

❷ 普底中心花区—醉九牛

普底中心花区指的其实就是黄坪"十里杜鹃"，这里是百里杜鹃的精华部分。在十里范围内，杜鹃花种类不仅多，而且花色变化也比较大。登高远望，美艳的杜鹃花尽收眼底，红彤彤的，雪白雪白的，还有混色的，令人目不暇接。此外还有紫杜鹃山、金杜鹃山、混色杜鹃山，令人叹为观止。

点赞 👍 @小小 这里的杜鹃已成为杜鹃花树了，高的达到近5米，气势壮观，美丽动人，加上刚下了点小雨，杜鹃花花瓣上残留着雨珠，看起来更加漂亮！

醉九牛是普底景区最为传神的景点之一。景点内有新旧两种牛的雕塑：旧的分散在杜鹃花中，感觉更有醉九牛的意境；新的"醉九牛"雕塑中的牛是在一起的，满身挂着红绸子。

攻略

黄坪所在的普底乡，插花节与火把节等节日中的游戏丰富多彩，游客可以尽情参与其中。这些节日都是在杜鹃花盛开的季节，体验当地风情也是游览百里杜鹃绝对不可缺少的一部分。

故事　醉九牛的传说

醉九牛的名字来源于一个动人的传说。话说明朝洪武年间，水西土司奢香夫人为维护西南边陲的安宁，把一群水西壮牛送给朱元璋作贡品。一路上，这些牛都走得好好的，但是当走到这一片杜鹃林时，竟然不肯走了，醉倒在花林里。经人禀报朱元璋后，朱元璋对奢香说，就把那里叫醉九牛吧。于是，醉九牛的名字就这样流传开来。

❸ 百花坪

百花坪是你即使乘坐电瓶车也要下来好好欣赏一番的景区。此处的杜鹃花品种繁多，五彩缤纷，而且百花坪还是每年彝族插花节、苗族跳坡节的最佳举办场所。这里还有一尊彝族姑娘的塑像，她就是当地传说中的索玛花神。相传她为了保护当地的"神花"而献出了自己宝贵的生命，同时鲜血染红了百里杜鹃。当地的老百姓为了纪念她，把杜鹃花称为"索玛花"。

攻略

经过金坡岭、百花坪之后，在电瓶车上，你还能看到锦鸡箐、画眉岭、马缨林等风景区，这些景区虽然都很美，但是基本也大同小异，所以，你只需要挑选一到两处自己特别喜欢的景点来赏花或者拍照就可以了。景区实在太大，全部游览有些不切实际。

❹ 数花峰—五彩路

数花峰是普底景区的最高峰，也是观花的最佳景点，这里最能展现百里杜鹃的规模与气势。数花峰的半山腰有红军长征烈士纪念碑，因为红二军团六师曾经在普底乡打过著名的"黄家坝阻击战"，感兴趣的游客不要错过。

五彩路有五条路可以通过花区，所以最初的名字叫"五岔路"。随着后来花开花落，盛花季节，五条路上落英缤纷，就像一片花毯，于是，人们就将"五岔路"改为"五彩路"了，意思就是五种颜色的路。同时，这里也是杜鹃花品种比较集中、齐全的地点之一。

链接　数花峰的"京报高悬"

数花峰对面的悬崖上有一块形状像皇榜的岩石，美其名曰"京报高悬"。这里还有一个精彩的传说：每当它旁边的巨笔"西山耸秀"峰一鸣叫，岩石皇榜上的字迹就会时隐时现。不久，山脚下便会有人金榜题名。所以，在以前的科举时代，当地百姓经常来这里祈福。

鲜艳的杜鹃花。

攻 略

购物 又玩又买嗨翻天

百里杜鹃有丰富的特产，如杜鹃花果茶、荞麦茶、荞麦酥、彝族水花酒等，其原料均来自百里杜鹃。杜鹃花果茶是用新鲜杜鹃花与水果烘制而成；荞麦茶是用生长在百里杜鹃海拔2000多米的苦荞烘干而成；百里杜鹃的野生葡萄具有原生态、纯天然、无污染等特性，能酿出上好的葡萄酒；百里杜鹃林带生长着很多中药材，这里的人将药材与酒结合，研制出各种口感的药酒。此外，这里还有很多山货，如野生天麻、野生竹荪、百里杜鹃核桃仁等。

住宿 驴友力荐的住宿地

百里杜鹃有很多住宿地能选择，如位于毕节市中心的洪山国际大酒店具有多种客房；政通大酒店是一家集高档餐饮、豪华数码客房、时尚休闲、娱乐会所、四星级水疗会所为一体的大型时尚、商务水疗酒店。百里杜鹃附近还有很多农家乐，如百里杜鹃犇犇客栈、百里杜鹃度假村等。

美食 饕餮一族新发现

在百里杜鹃，游客能吃到生态美食与民族传统美食。景区内可供吃饭的地方主要集中在旅游小镇，提供各种地道的彝族特色菜，如彝家坨坨肉、彝家乳豆腐、鲜花点豆腐、酸菜羊肉、彝家鲜花蜜饯等这些美食不仅味道纯正，而且让游客在品味佳肴的同时，还能体验到古朴的民族风情。

行程推荐 智慧旅行赛导游

百里杜鹃一日游：金坡岭—百花坪—普底中心花区—醉九牛—数花峰—五彩路。

百里杜鹃景区很大，如果步行的话，很难在一天之内完全欣赏完。可以在金坡景区大门总站乘电瓶车游览，途经金坡岭、百花坪、锦鸡箐、画眉岭、马缨林等景区。在金坡岭、百花坪景区，你可以停下来赏花、拍照。之后前往普底中心景区，在最高点数花峰一览众山小，沉浸在美丽的杜鹃海洋中。然后去欣赏醉九牛、五彩路等，五彩路犹如铺满杜鹃花的地毯，令人陶醉。

九洞天

大自然的地质博物馆

@摩卡 九洞天是一个大自然馈赠的地质博物馆，9个别样的洞天，总有一个让你惊叹或欣喜。夏天过来更好，外面天气炎热，这里却特别清爽凉快，坐船游洞天绝对是享受。

微印象

@jest 在那几百万年没有阳光照射进来的洞里，我真的抑制不住心中的欣喜，太美太让人向往了。

@lisa 严冬前往别有一番胜景，或银装素裹，或一片苍黄，十里梅花，十里飘香。满山遍野的野生蜡梅，淡香悠悠，令人流连、陶醉。

门票和开放时间

门票：80元，船票60元/人。观光车20元/人，玻璃桥40元/人。

开放时间：8:30~17:30。

最佳旅游时间

每年4~10月是游览九洞天的最佳季节。春天满山都是盛开的各种野花；夏天是避暑的黄金季节；秋天的九洞天红色与黄色、绿色交织，色彩缤纷。

进入景区交通

位置：毕节市大方县猫场镇五丫村。

交通：可以在大方南站乘坐直达景区的旅游客车；在毕节西站每天有一班车到九洞天，为11:00发车；在毕节东站则每天有两班车到九洞天，分别为13:00和15:00。

景点星级

刺激 ★★★★　美丽 ★★★★　休闲 ★★★　特色 ★★★　浪漫 ★★★　人文 ★★

九洞天位于大方县城的猫场镇五丫村，河谷两岸自然植被丰富，冬无严寒，夏无酷暑，很多林木都四季常青，这里还集中了几乎所有喀斯特地貌所特有的现象，所以有"喀斯特地质博物馆"的美誉。这一景区全长23千米，总面积约80平方千米。乌江最大的一级支流——六冲河流经大方、纳雍两县这一段，在长约6千米的河道上，箱形切割顶板出现坍塌，形成了九个形状不同、大小各异的天窗洞口，九洞天也因此而得名。景区集峡谷、岩溶、伏流为一体，内有栈道，2020年被评为国家4A级景区。

攻略

过了九洞天之后，如果一直深入进去，就会发现上游连接着水流湍急、溶洞密布的"乌江第一漂"总溪河。总溪河峡谷全长12千米。这里的环境优美，河水清澈，如果有时间的话，可以在这里享受一次愉快的漂流之旅。

链接　九洞天的发现

九洞天位于贵州乌江上游，从"一洞天"逆流而上，由九段地下河、溶洞串联而成，总长十余千米。20世纪70年代修建瓜仲河电站时，人们在施工爆破途中发现了溶洞。后来逐级报到省里，当时贵州省水利厅派人察看，称溶洞景致比安顺龙宫好，因为景区是由地下暗河将九个洞相连，所以取名"九洞天"。

九洞天的第一洞天叫龙口天，又叫月宫天，是一个宽敞的大穿洞。洞高70~100余米，面积1100平方米，分前、中、后三厅。此洞钟乳倒挂，石笋林立，还有两处突出的特色景点：一是进入洞口，有一道十余米宽的飞瀑从左洞壁的半腰凌空飞下，在宽敞高大的洞口顶部，有一个很大的圆形凹壁，构成了"皓月当空"景观；二是从前厅穿过中厅进入后厅，就是瓜仲河电站机房，这个电站的配电系统全都摆在洞内，发电的水也是从一个天然的隧洞里引来的，这在世界上可谓举世无双。

第二洞天叫雷霆天，因为这里有两道宽20余米、高10余米的瀑布，浪花飞溅时，洞外涛声怒吼，洞内机声雷鸣，此外这里还有独步天下的"石头开花"景观。

从二洞天通过人工开凿的曲折栈道便可来到三洞天，又名金光天。三洞天很宽阔，左岸石壁光滑，右岸壁上五颜六色的钟乳石甚是壮观。站在岩壁的栈道上放眼望去，对面悬崖如刀削斧凿，极为险要。抬头仰望，又会发现洞顶上岩硝积攒成各种形状，犹如天上的白云，又像草原的羊群。转过身来，几缕阳光斜斜穿过树冠，平添了几分惬意。

四洞天，又名玉宇大，是由多个洞穴组合而成，洞中有洞，洞洞相连，给人以幽深曲折之感。洞内钟乳石奇形怪状，有些还有非常形象的命名，结合名称与形状，越看越像，不禁让人浮想联翩。

来到五洞天，但见洞口由下至上逐渐收缩最后形成葫芦状，由是也被称作葫芦天。

点赞　👍 @开心果 我们完全忘记了此时外面正是难耐的炎炎烈日，有的只是洞内凉凉的感觉与无比的兴奋，以及对大自然造物的惊奇。

六洞天"象王天"有亚洲最大的天生桥。六洞天就像天生桥的大桥洞，奇峰怪石，险象环生。下面是暗河，还能听到水流之声。河边有金沙滩，岸上有一座奇石，很像一头巨象在河边饮水。对岸一排的雪白石头自上而下倾泻下来，气势宏大，让人震撼。

七洞天，岩壁上有许多小洞，仿佛有些千疮百孔的沧桑，有红色图案如飞天之仙女、如书家挥就的书法作品，远看笔力雄浑苍劲，近看却优柔而婉约。

八洞天，又叫宝藏天，又名云霄天，入口极窄，仅容一人通过，但进得洞厅来，眼前忽地一片开阔，给人豁然开朗之感，疑是走进陶公笔下的桃花源。

九洞天"大观天"共分三层：上层洞厅中的洞穴口相通相连，形成一座立体迷宫，非常难得；中层有一座巨大的天生桥，呈"门"字形，从底下往上看就好像牛郎织女相会时的鹊桥；下层的水洞暗湖与八洞天相通。在这里，还能观赏的其他景色有仙人洞、"神州赤壁"、月湖、梯子岩等。

点赞 👍 @虾兵蟹将 回来的时候我们坐船，小船在清幽寂静的暗河慢慢行驶着，我沉浸在一路的回忆之中。

攻 略

食宿 饕餮一族新发现

九洞天虽然距离城区较远，但是也有可选择的住所，如位于景区附近的闪闪之家宾馆；县城里也有一些旅店性价比较高，如华熙酒店（位于毕节市纳雍县雍熙街道城南大道）。

九洞天景区在大方县和纳雍县的交界处，游客可根据自己的意向选择去大方或纳雍品尝美食。大方的美食主要有大方臭豆腐、大方阁丫黄粑、大方豆豉粑、糍粑豆干等；纳雍的美食有鸡场豆腐、燕麦炒面、纳雍火把鱼、木梳粑等，极具特色，值得品尝。景区内除家常菜以外，有黑山羊、黄腊丁、糯米酒、玉米饭等特色餐饮；洞中景区还有歌舞厅、茶屋、小吃店、小商店等。

购物 又玩又买嗨翻天

到九洞天景区游览如果想带一些当地的特产，可以到毕节市，这里最热闹的地方是威宁路，商铺非常多，可以选择的商品也很多。威宁火腿、大方漆器、大理石工艺品、黄花菜等都是当地很有特色的产品。

行程推荐 智慧旅行赛导游

九洞天一日游线路：可以按照一至九洞天的顺序游览。进入景区之后，最先看到的是第一洞天。穿过"月宫天"，就到达了第二洞天。沿二洞天洞内的"四十九道拐"步行，也可以从水路乘船到达三洞天。穿过金光天，紧挨着的就是第四洞天"玉宇天"。接下来，可以游览六至九洞天。游览九洞天时，可走水泥路面修建的栈道，也可以行船走水路。

乌江源百里画廊

乌江两岸如诗如画

微印象

@贵州仙女儿 乌江源百里画廊很适合长期工作导致疲惫的朋友们，可以来这儿试试释放工作导致的压力。

@不需要解释 乌江源百里画廊果然名不虚传，沿岸不仅风景非常优美，还有极具民族特色的民居、民俗，乘船游览，令人陶醉！

门票和开放时间

门票：免费，乘船往返60元/人。

开放时间：全天开放。

最佳旅游时间

每年的4~10月为最佳游览时间。此段时间不仅温度适宜，而且岸边风景极美，春可观花，夏可避暑，秋可赏红。

进入景区交通

位置：毕节黔西市、织金县和贵阳清镇市三地交界处。

交通：此地的交通不方便，一般是自驾前来的游客比较多，自助游旅游者可以租车前往。

景点星级

美丽★★★★　浪漫★★★★　休闲★★★★　特色★★★　人文★★　刺激★★

乌江发源于乌蒙山，北面源于六冲河，南面源于三岔河，这两条河流在峡谷中流了几百千米后，汇合成了乌江。乌江是长江南岸最大的一级支流，全长1050千米，两岸气势雄伟，景色秀丽。这条河流串起了"中国最美的洞穴"——织金洞以及"中国岩溶百科全书"——九洞天两个著名的风景区。

乘船游览乌江，沿途经过东风湖，这里是"乌江画廊"最优美的一片景区。乘船顺流而下，还可以看到苗族歌舞之乡——化屋苗寨。而在水路中，它又与著名的织金洞相连通，形成贵阳西部风光一绝。

❶ 东风湖

游览乌江源百里画廊的最佳方式是乘船，沿途会经过东风湖，这里被称为乌江源的神美之笔一点儿也不过分。

湖区风光迷人，既有长江三峡的雄奇，也有桂林漓江的秀美，集高峡、平湖、溶洞、飞瀑等景色于一体，所以有"山似山峡而水胜山峡，水似漓江而山胜漓江"的美誉。这里有大小宽窄11道弯，每段弯的景致又各不相同，最美的地方要数大河边、小三峡、点葫芦、甲卧、三岔河、卷洞口等河段了。大河边前面的峡谷口，全是高达80余米的石山，形似屏风，山岚笼罩，锁住水路。点葫芦处的谷口最有三峡的感觉，石山与水面斜交，岸边绿叶青枝。中间远山三峰高耸，山体青灰，山顶的白雾与晴云交融在一起，神奇飘逸。三岔河口长达上百米，旁边的山顶为俊秀的山峰，临河石

壁如壁画，与左面高耸的灰白石崖对峙而形成通往鸭池河的雄峻峡谷。

❷ 化屋风景区

化屋风景区地处六冲河、鸭池河、鸭甸河交汇处，以原生态苗族民俗风情及悠久的历史文化为人所知。

化屋苗寨位于东风湖畔笋子岩下，仍然保留着独特的苗族风情。在这里，游客随时可以领略当地极具特色的蜡染刺绣服饰，富有民族特色的"芦笙拳舞""板凳拳舞"等舞蹈。他们的歌大多属于无伴奏多声部合唱，优美跌宕，体现了苗族历史的源远流长和深厚的文化内涵。

攻略

化屋苗家人非常热情，经过拦路门、迎客门、敬客门后，你就成了他们最尊贵的客人。他们的多声部合唱非常有特色，歌声如空山灵韵，柔情执着，让人不由得被这天籁之音所吸引。另外，化屋风景区内的各项娱乐基础设施都已经建设得很完善了。在这里，你可以乘坐游船观光，或野营，或徒步，晚上还可以进行篝火晚会等丰富多彩的娱乐活动。

❸ 支嘎阿鲁湖

支嘎阿鲁湖被称为贵州第一湖，东南有织金洞、北有百里杜鹃、西北有九洞天等景点。这是由洪家渡电站蓄水形成的风景旅游区，水面宽阔，风景秀丽，水质清澈。沿河两岸有多姿多彩的民族风情与凝重厚醇的民族文化，还有众多的文物古迹，所有这一切构成了支嘎阿鲁湖独具魅力的旅游资源。

④ 六广河旅游区

六广河旅游区属于乌江渡库区的一部分，集自然风光、民族风情及人文景观于一体，是非常好的休闲度假地。

其中"猴愁峡"长约 3 千米，是猕猴出没之地，生活有上百只猕猴。"象峡"山清水秀，峡谷的右岸有一岩插入河中，远看像象鼻吸水。"剑劈峡"两岸有许多剑劈刀削般的直岸，给人轻松愉快的感觉。

攻略

六广河两岸山形奇特，不仅有古树奇石，还有峡谷、峭壁、瀑布、溶洞等不同的景区，峡谷风光旖旎。夏天这里河水清澈，温度适宜，非常适合漂流。

攻 略

食宿 饕餮一族新发现

这里的特色美食有宫保鸡、竹荪山珍、苗家菜、荞凉粉、黔西黄粑等，可在天谷山庄品尝到（位于织金洞口1千米处）。在天谷山庄就餐，可选择点菜，也可选择桌餐。住宿问题也可以在天谷山庄解决。夜幕降临时，这里还会举办欢歌篝火晚会。

购物 又玩又买嗨翻天

当地可购买的特产有手工蜡染、大方漆器、竹荪等。蜡染是一种手工艺品，以绒花的蜡在织物上绘出图案花纹，再经浸染而成，所使用的材料和工具比较简单，制作方法也不复杂，适宜家庭制作。大方漆器是富有贵州民族风格和地方特色的传统工艺美术作品，图案逼真，造型朴实，色泽艳丽，经久耐用。竹荪是寄生在枯竹根部的一种隐花菌类，形状像网状干白蛇皮，营养丰富，香味浓郁，被人们称为"菌中皇后"。

行程推荐 智慧旅行赛导游

乌江源百里画廊一日游：上午乘船游览乌江源风景，一定不要错过东风湖；然后可以到化屋苗寨去体验苗家风情，欣赏民族歌舞。晚上既可以住在苗家，也可以回城区住宿。

威宁草海

鸟类的王国

@碧海潮生 因为草海属于高原湿地生态系统，特殊的生态环境，让它成为许多鸟类过冬的栖息地。看多了青海湖的喧嚣、滇池的拥挤，到人烟相对稀少的草海走一走，不失为一个很好的选择。

@辉常快乐 来草海旅游，看湿地、苍草、黑颈鹤以及四周的山。一定要坐船才更能体会草海的魅力，在船上可以吃烧烤、拍照片。

门票和开放时间

门票：免费，包船200元左右。

开放时间：全天开放。

最佳旅游时间

多数游客来草海的主要目的是观鸟，每年冬末春初是观鸟的最佳时节。这时候的候鸟大量集结、繁殖越冬，一天中的观鸟时间在早上6:00左右，清晨候鸟初醒，继而成群起飞，分散觅食，是摄影的最佳时机。

进入景区交通

位置：毕节市威宁彝族苗族回族自治县境内。

交通：贵阳有直达草海的火车，5.5小时左右；威宁县城汽车站有很多到草海的汽车，比较方便。

景点星级

美丽★★★★ 休闲★★★★ 特色★★★ 浪漫★★★ 人文★★ 刺激★★

威宁草海是全国三大高原湖泊之一，又名南海子、八仙海，也是贵州最大的高原天然淡水湖。草海是一个由岩溶堰塞形成的淡水湖，其保护区面积为46.5平方千米，周边还有一些零星分布的村落。

草海中有鱼类10多种，鸟类228种左右，是国家一级保护动物——黑颈鹤的主要越冬地之一。每当夕阳西下的时候，阳光映在水面上，反射出暗红色的光辉，让周围风景也蒙上了一层神秘气息。

威宁草海有龙王庙、斗姥阁、六洞桥、观海楼、观鹿台等景点。草海西边有阳关山，山下有竹篱茅舍，茂林幽深。六洞桥上有望海楼，是观草海的最佳地点。

攻略

威宁共有两个码头可下到草海。

一个是草海码头，因为在城中，相对方便，也是大多数人会选择的码头。草海码头位于威宁县建设西路 27 号，一船最多可坐六人，按船计算，上游 120 元、中游 240 元、下游 360 元。

还有一个是江家湾码头，离县城稍远，但水质好。船费价格基本统一，费用为 50 元 / 人，时间为 1 小时 30 分钟，也可以在此码头找当地村民的船，江家湾公路边有不少为游船拉客的人。如果想更便宜，可以找当地私家船，可以还价。但一定要注意行船安全。

① 老罗山—西海村

老罗山是草海边的最高处，虽然叫"山"，其实只是一个小土坡，高度还不到100 米。你可不要小看这座山，站在上面俯瞰草海，风景特别美：只见渔船星点漂浮，水鸟交错而飞，意境悠闲、浪漫。老罗山脚下有牧场，牧场上不仅有膘壮的黄牛、肥嫩的绵羊以及悍烈的骏马，还有很多放牧的孩子和女人。而这里的女人都在头上裹着丝巾，

解说

西海村本来是一个偏僻荒芜的小村子，村里的农民本来没有什么生计。得益于草海，除了上面所说的有些农户开"农家乐"之外，还有一些人经常会划着小木船，带一些科研人员或者游客看草海。尤其是到了冬天，因为有黑颈鹤迁徙到这里，他们的生意会更加火爆。

塞外的风情感油然而生。那些小朋友也以好奇的眼光看待远道而来的游客，他们有的会给你指路，还让游客加入他们的游戏，非常有意思。

西海村是草海边最大的村子，他们通过坡改梯建成了一片集生态、观光为一体的农业科技示范园。还有一部分人搞起了"农家乐"，主营草海水产品鱼类的特色饮食店，这里经营的以草海鱼、虾等为主的特色菜很受欢迎，不管是游客还是当地人都常来就餐。

② 浪漫草海景区

这里位于草海北岸，是充满自然韵味和浪漫情调的好去处。这里有观景台，站在台上俯瞰草海全景，辽阔风光尽收眼底，尤其是日落时分，景色令人陶醉。从观景台往南有江家湾码头，可乘船游湖。

③ 草海北坡生态公园

草海北坡生态公园位于海与城之间，面积约 5000 亩，是草海的生态屏障，威宁人的后花园。这里"春天百花齐放香气怡人，夏季树荫照水绿意盎然，金秋芦苇摇曳宛若仙境，冬日候鸟归来翩跹起舞"，生态美景四季不同，各有千秋，让人流连忘返。公园现已种植四季皆宜的灌木及观赏植被 7 万余株，有健身道、巡护道、观景台等旅游设施，是当地著名的网红打卡点。

1. 观鸟者最好准备一些高倍镜头或高倍望远镜。发现鸟之前，自己尽量在顺光、俯视或平视的位置。而等到发现鸟之后，先不要改变自己的位置，更不要试图接近它想一次就辨别出鸟种。另外，不要穿戴红色或黄色的外套，以免吓到这些可爱的鸟儿。

2. 提醒大家，去胡叶林拍摄黑颈鹤，只有通过护鸟员护鸟用的小船才可以近距离接触黑颈鹤，而其他人只能在岸上的观鸟亭里用望远镜观赏。

❹ 胡叶林

胡叶林是观赏黑颈鹤最经典的地方。
这里没有想象中的似水悠悠，而是一片片自生自灭的金黄杂草，仿佛静静地候在那里，等待着游客的亲近与踏访。11 月，你还可以拍摄到黑颈鹤在金灿灿的黄叶中飞舞的图片。
胡叶林也是草海黑颈鹤的最大栖息地之一，一般它们早晨 6 点左右出发觅食，下午 4 点就回来了。

攻 略

食宿 饕餮一族新发现

草海就在威宁县附近，可以选择一些性价比高的旅店，如Ⅳ酒店、茂龙国际酒店、威宁君晟海酒店等。此外，夏季还有很多游客直接在草海景区中宿营，别有一番滋味。
来草海旅游，可以尝尝草海的特产，如草海细黄鱼（当地人称之为"鱼包虾"）、红虾、草海银鲫鱼等。不仅可以煮着吃，熬鱼汤，还可以烤着吃，味道鲜美。
威宁县城的菜园路一带有几家很有特色的餐馆。可以在这里随意找一家来就餐，用纯天然的原料做成的美食，一定不会让你失望。

购物 又玩又买嗨翻天

威宁的特产是荞酥和威宁火腿，荞酥用荞面混入红糖制作而成，很沙甜。威宁火腿也是当地很有名的特产。想买这两样东西也很简单，不管在威宁还是毕节，随处可见。当地人都比较朴实，基本不用砍价。

特别提示

❶ 其实除了冬季观鸟之外，其他季节也可去草海游玩。春天，整个湖里全开满了花，非常漂亮；夏天去可以吃有名的草海细黄鱼，看湖中随水波摇曳的草；金秋季节，金黄色的草甸、清透爽朗的天空能给人带来无尽的遐想。

❷ 如果你想背包徒步游草海的话，围绕内圈转一圈大约是40千米。最好在清晨出发，走得快点，晚上就能回到原地。值得一提的是，海边地形并不复杂，只是在靠近水边的地方，道路会比较泥泞。

威宁草海，渔舟唱晚，飞鸟归宿。

乌蒙大草原

西南地区海拔最高的天然草场

微印象

@奇奇 性价比很高，景区还算秀丽，肯定没有高原那么壮阔。景区很大，气温比较低，空气非常新鲜。由于是高山草甸植物带，4月份有漫山遍野的杜鹃花，不输香格里拉的好看。

@拥抱未来 如果你想玩得高兴得两天！因为景区里还有个滑雪场，虽然是人工体育馆式的室内滑雪场，但是其设施精良、配套完善，没有体验过的朋友可以去玩玩，住两天也可以体验不同的住宿生活！蒙古包、民宿、集装箱等各具特色，晚上还可以仰望星空！而且乌蒙大草原的空气也很好！

@小福贵 可以开车进，高山草原，山路修得很好。有点像内蒙古，边开车边玩。景点旁停车，下车就可以玩，空中玻璃滑道漂流好玩，还可以骑马、放风筝、看佛光。

门票和开放时间

门票:30元。开放时间:全天。

最佳旅游时间

比较推荐春夏两季前往。春天，这里的杜鹃花海美得让人心醉神迷，游人可以来这里踏青赏花；夏天，这里则是最佳的旅游胜地，可以在草原上进行各种户外活动，如骑马、射箭、露营、烧烤等。

进入景区交通

位置：盘州市乌蒙镇与坪地彝族乡境内。

交通：从六盘水到乌蒙大草原没有直达车，必须到盘州市红果客运站转车，然后再乘坐旅游专线到达乌蒙大草原。

景点星级

美丽★★★★　休闲★★★★　特色★★★　浪漫★★★　人文★★　刺激★★

　　乌蒙大草原又名坡上草原，是西南地区海拔最高、面积最大的高原草场之一。最高海拔为2857米，最低740米，为高原山地地貌，以玄武岩、岩溶地貌为主，是一个夏日避暑的好去处。这里有一望无际的独特高原草场，有万亩高原矮杜鹃林，有充满神奇色彩美丽动人的高山湖泊，有民族文化浓郁的彝族风情，也能见到世界罕见的自然奇观——佛光，还有奇险的牛棚梁子大山、八担山等。

　　景区内坡上草原有10万亩草场，4万亩矮杜鹃林，春夏之交，这里的万亩矮杜鹃竞相开放，非常好看。高山湖泊长海子也位于其中，它长2000米，宽300米，清澈见底，是贵州海拔最高的湖泊。独特的山峦、奇峰、湖泊、悬崖、峭壁、佛光、杜鹃、瀑布、峡谷等景观，引得无数游客神往。

解说

　　佛光是特殊气候和地理环境下形成的光学现象，当天气骤变而造成较大水汽时，光线遇到这些水汽就会产生折射，这样就会形成佛光。事实上，我国只有在峨眉山、梵净山等少数地方出现过类似的自然奇观。乌蒙大草原佛光春、夏、秋三季都会出现，出现时间均在下午4点至6点，这里已经成为游人慕名前往观看佛光的地方。

攻略

　　1.夕阳西下，这里傍晚的景色非常养眼：近处的蒙古包和天边的云彩交相辉映，在渐渐亮起的灯光中若隐若现。喜欢拍照的朋友们可以拿起相机，留下这美好的瞬间。

　　2.每年的彝族火把节（农历六月二十四日），当地的少数民族同胞们都会盛装来到乌蒙草原上，对唱山歌，跳起彝族的达体舞，来庆祝他们的节日，游人如果赶上，一定也要来看看这里的盛况。

　　3.乌蒙大草原上还有意念牛棚咖啡厅、牛掌柜文旅餐厅、美式红酒吧、龙窑陶艺坊等，可以满足游人多方位的精神追求，在大自然中尽情地陶冶情操。

攻 略

景区交通 **游遍景区不犯愁**

　　乌蒙大草原景区很大，需要自驾或者包车游览，200元的包车服务可以让你把主要景点游览一遍。景区中的草原一望无际，牛羊成群，且天气凉爽。回程还在下车的地方等车就行，末班车大概是五点半。

住宿 **驴友力荐的住宿地**

　　来到乌蒙大草原，这里最有特色的住宿莫过于蒙古包了。它位于草原烧烤城内。这里的蒙古包以北方游牧民族传统帐篷为特色，地板则是用当地老梁木铺设而成，颇有内蒙古大草原的塞外风情。

　　草原烧烤城特色民宿有不同房型可供选择，烧烤城配有餐厅、茶空间、儿童游乐设施、接待中心、网红打卡等公共空间，并设有独特的茶室，还开发了爬山徒步等户外活动，让游客可以体验到丰富有趣的活动项目。

　　此外，这里的民宿也很有特色，如十方·云舍野奢民宿，该旅店甚至为客人开放了会员厨房，客人入住时，可以在厨房自己动手做一顿美味的佳肴，给人一种家的温馨感。

美食 **饕餮一族新发现**

　　来到乌蒙大草原，一定要品尝当地秘制的特色烤全羊；高山牛羊肉汤锅和高山土鸡养生火锅鲜香味美，令人神往；草原烧烤也让人能感受大口吃肉的快乐。此外，盘山的特色小吃也不容错过，如苗家鸡稀饭，也被大家称作"营养粥"，这种稀饭味道鲜香软糯，汁稠色亮，营养丰富；冰粉也叫凉粉，是一道适合夏天的美食，有卷粉、荞凉粉、米凉粉、豌豆粉等。